Inge Peitzsch

G'lebt is glei

Inge Peitzsch

G'lebt is glei

Bayrische Feste
Bayrische Bräuche

Weidling Verlag

$\mathcal{E}$s war ein strahlend schöner Kirchweihsonntag im bayrischen Oberland, in der Nähe von Lenggries. Ein wolkenlos blauer Himmel überwölbte den Oberlauf der Isar und an windstillen Ecken gaukelte die Sonne einen milden Altweibersommertag vor. Gelb leuchtende Birken und Lärchen, rostfarbene Buchen, rotflammende Kirschbäume säumten die ansteigenden Flußufer bis hinauf zu den dunklen Tannen und Fichten.

Nach der Messe und einem ausgedehnten Spaziergang trafen wir uns mit Freunden zu einem viele Stunden dauernden Festmahl. Ein Bauernhaus aus dem 17. Jahrhundert umschloß die Gesellschaft mit der Harmonie vollendeter Proportionen. Alte Handwerkstradition hatte mit Hilfe schönster Materialien das Haus so verändert, daß die Bewohner keineswegs auf die Bedürfnisse des modernen Lebens verzichten mußten, daß aber gleichwohl die strenge Schlichtheit und Schönheit des alten Baus erhalten blieb, die uns heutigen Menschen die so notwendige Ruhe und Geborgenheit schenkt. Auf den stämmigen, viereckigen Tisch kamen alle landeseigenen Köstlichkeiten, die auch die bayrische Küche für den wahrhaft Kundigen bereit hält: als Voressen stimmten fein abgeschmeckte Kalbsnieren in Rahm ein, gefolgt von einer Fleischbrühe mit Eierstich, Leber- und Markknöderln. Nach dem Zander in Flußkrebssoße wurden gefüllte Täubchen auf Champagnerkraut serviert. Die Gams, deren zarte Schlegel mit Speckknödeln und größtem Behagen genossen wurden, hatte der mitschmausende Jäger im nahen Gebirge erlegt. Eine duftige Bayrische Creme mit Johannisbeeren aus dem eigenen Garten beschloß die Speisenfolge, die selbstredend von landeseigenem Bier und ebensolchen Weinen, weiß und rot den einzelnen Gängen angemessen, begleitet wurde.

Solchermaßen in jeder Hinsicht aufs trefflichste gestärkt, war sich die Runde alsbald einig, das Kirchweihfest würdig begangen zu haben. Freilich war das kein ländlich-bäuerliches Feiern mehr und hatte schon etwas Städtisches an sich: der Gamsschlegel hatte die traditionelle Kirchweihgans verdrängt, und statt dem Gang zur Kirtahutsch'n auf dem Heuboden des Nachbarhofes zog man es vor, gesellig beisammenzusitzen. Die Freude am Feiern aber entspringt immer noch jener Geisteshaltung, die man hierzulande schon von den römischen Besetzern übernommen hat: carpe diem – halte den Tag, nütze ihn! So lautet diese kluge Lebensregel; auf Bayrisch fortgesponnen heißt sie dann sinngemäß: „G'lebt is glei!"

Mit einer solchen Einstellung ist man geradezu prädestiniert für ein Leben in diesem vorwiegend heiteren Land, dessen Lebensrhythmus auch heute noch von seinen Festen und Bräuchen geprägt ist. Nicht etwa, daß dieses Bayern nur von einem immerwährenden Reigen von Kirchenfesten, Wallfahrten und Brauchtumsveranstaltungen erfüllt wäre: es herrscht auch durchaus keine „prästabilierte Harmonie" Leibniz'scher Prägung, aber die kulturell formende Kraft einer selbstbewußten Traditions- und Brauchtumspflege wird stärker als andernorts spürbar. Die Ursachen hierfür sind sicher sehr vielschichtig und lassen sich nicht in wenige Worte fassen. Eine über Jahrhunderte hinweg eigenständige Kultur-, Wirtschafts- und Sozialentwicklung, sowie ein bis in die Gegenwart hinein ungebrochenes Staats- und Stammesbewußtsein mögen zwei wesentliche Aspekte dieses Phänomens sein.

Das bedeutet nun beileibe nicht, daß die Gestaltung und Abfolge bayrischer Feste und Bräuche im Jahreslauf in allen Teilen des heutigen Freistaates den gleichen Grundregeln unterliegt, oder gar seit unvordenklichen Zeiten unwandelbar festläge. Dazu sind Land und Leute, ihre geschichtliche Herkunft und die Entwicklung der einzelnen Landesteile zu unterschiedlich. Industrieller und zivilisatorischer Fortschritt vor allem der letzten 150 Jahre, und schließlich die totale gesellschaftliche Umschichtung in der Folge zweier Weltkriege haben ein übriges getan.

Weite Teile Bayerns – das alemannische Schwaben und das kultur- und weinreiche Franken – sind in diesem Buch nicht enthalten. Wie sollten sie auch, verdienen sie doch jedes eine eigene Darstellung.

Unbekümmert um solche Überlegungen hinterlassen in den Bildern industrielle Revolution und Weltkriege, der technische Fortschritt und die Zersiedelung der Landschaft keine Spuren. Die Bilder führen uns neben alten auch neue Bräuche in ihrer reizvollen Mannigfaltigkeit vor, unbesorgt um das letzte naturgetreue Detail. Es ist eines der Vorrechte des Malers, die Realität gleichsam gefiltert zu sehen und darzustellen. Hier findet kein sozialer Konflikt statt; man könnte beinahe meinen, Auto, Traktor und Mähdrescher seien noch nicht erfunden. Kurzum: ein Griff in die Fülle bayrischen Brauchtums und Feierns in seiner liebenswertesten Ausprägung!

Der kritische Betrachter mag sich daran stoßen, daß nur die Sonnenseiten des Lebens ausgemalt werden, und damit die Gefahren einer touristischen Vermarktung und Aushöhlung unseres Brauchtums verdrängt werden. Problematisch ist jedoch nicht etwa die Darstellung des „Paradieses der warmen Gefühle" (Simon Aiblinger), sondern das Abhandenkommen des Qualitätsempfindens, das mangelhafte Urteilsvermögen bei der Unterscheidung von echtem Überkommenem einerseits und wohlfeilem Touristenkitsch andererseits.

Die bunten Bilder wollen Stimmungen und verblassende Erinnerungen an heitere, aber auch traurige Begebenheiten unseres Lebens- und Jahreslaufes mit den Stilmitteln der Malerei festhalten und den Betrachter in die noch immer lebendige Überlieferung einbeziehen.

Ähnliche Überlegungen stellte unsere Kirchweihgesellschaft an und war über all dem „Dischkrieren" spät in der Nacht beim rabenschwarzen Kaffee und den frischen Kirtanudeln angekommen, wie sie bei einem rechten Kirchweihfest auch heute nicht fehlen dürfen. Nach diesem allerletzten Genuß eines erfüllten Tages begann sich die Runde aufzulösen, und wir zogen in klarer, frischer Luft nach Hause. Alle waren sich darüber einig, daß das vielschichtige Thema „Bayrische Feste – Bayrische Bräuche" theoretisch niemals erschöpfend behandelt werden kann. Wichtig ist, selber mitzutun, dabeizusein und mitzufeiern, wie es dem bayrischen – oder altbayrisch: dem bairischen – Volkscharakter entspricht, sofern es diesen überhaupt noch gibt. Die oft unbändige Lebensfreude ist wohl eine der Hauptursachen dafür, daß es immer noch vergleichsweise viele lebendige Bräuche hierzulande gibt. Aber auch die Zähigkeit und ungeheure Ausdauer bayrischer Landbevölkerung, ihre naive Volksfrömmigkeit und Gottesfurcht, ihr Glaube an ein Fortleben im Jenseits schwingt in dem Satz „G'lebt is glei!" mit wie auch die Gewißheit, daß jedes diesseitige Leben ein Ende haben muß: memento mori! Gerade weil die kraftvoll-barocke bayrische Natur immer die letzten Dinge im Auge behält, kann sie alle Höhen und Tiefen des Lebens geradezu überschwenglich auskosten. Und hierbei ist dem Bayern sein im ganzen ungebrochener katholischer Glaube eine starke Stütze. Über all dies ließe sich noch viel sagen, am prägnantesten und am zeitlos gültigsten hat es wohl Johannes Turmair, genannt Aventinus, formuliert, Bayerns großer Chronist aus dem niederbayrischen Abensberg, dessen Baierische Chronik erstmals im Jahre 1533 in deutscher Sprache erschien: „Das baierisch Volk – gemainlich davon zu reden – ist geistlich schlecht und gerecht, get, läuft gern kirchferten, hat auch vil kirchfart; legt sich mer auf den ackerpau und das viech dan auf die krieg . . . . . tuet sonst, was es wil, sitzt tag und nacht bey dem wein, schreyet, singt, tanzt, kartet, spilt, mag wehren tragen, schweinsspieß und lange messer . . . . . mag grosse und überflüssig hochzeit, totenmal und kirchtag haben, ist erlich und unsträflich, raicht kainem zu nachteil, kompt keinem zum übel . . . . .".

JANUAR

Schlittenpartie im oberbayerischen Wilparting

*D*ie Nacht, in der das alte Jahr geht und ein neues kommt, war unseren Vorfahren nicht geheuer. Zwar waren sie inzwischen zu guten Christen geworden und glaubten nicht mehr an Wotans wilde Jagd – aber am Ende zieht eben doch noch das „Wuide Gjaid" über Haus, Hof, Äkker, Wiesen und Wälder. Auf alle Fälle vollführten unsere Ahnen einen „Heidenlärm" im wahrsten Sinne des Wortes, um alle üblen Gespenster in die Flucht zu schlagen. Aus ähnlichen Motiven heraus begrüßen wohl die Menschen auf der ganzen Welt ein neues Jahr auch bis in unsere Zeit hinein mit Feuerwerk und Gesängen, mit Peitschenknall und Glockengeläut. In Bayern hat man von jeher viel Freud' am Schießen gehabt, und so hat im Jahre 1887 Sebastian Bieler, von seinen Freunden liebevoll der Votzenschmied-Wastl genannt, den ersten Weihnachtsschützenverein im Berchtesgadener Land gegründet. Inzwischen sind es 16 Schützenvereine geworden – wir werden ihnen am Ende des Buches nochmals begegnen – deren rund 800 Mitglieder mit altertümlichen Kanonen und ungefügen Handböllern alljährlich das neue Jahr anschießen. Um Mitternacht stellen sie sich an ihren verschiedenen Standplätzen, den Passen, in Reihen auf, der Schützenmeister kommandiert, immer häufiger dröhnt Salve um Salve, je näher es auf zwölf Uhr zugeht. Der Rückschlag reißt die Mannerleut fast um, der Donner der Reihenfeuer rollt durch die Täler, von den Bergen prallt das Echo zurück, rötlicher Feuerschein zuckt über den Schnee, Funkenregen sprüht. Gegen halb ein Uhr wird es dann wieder still. Mehr als eine Tonne Pulver ist in die Luft geflogen, das alte Jahr hinausgeböllert, das neue auf das würdigste begrüßt, das „Wuide Gjaid" von Haus und Feld vertrieben.

Ehemals war der erste Tag im bäuerlichen Kalender der 6. Januar. Vielfältiges, buntes Brauchtum verbindet sich mit den drei Weisen aus dem Morgenland, die als erstberufene Heiden das Christkind beschenken und anbeten durften. Heute verkleiden sich Buben mit langen Umhängen und Goldpapierkronen, ziehen hinter einem Sternträger her von Haus zu Haus und singen ihre Neujahrswünsche:

„Die heiling Dreikini mit ihrigem Stern,
Die woll'n wir besingen, ihr Frauen und Herrn.
Ihr Stern gab allen den Scheine,
Ein neues Jahr geht uns hereine . . ."

Dieses wohl älteste Dreikönigslied ist zuweilen auf ein respektloses Verserl verkümmert:

„Die heiling Dreikini mit ihrigem Stern,
die essen und trinken und zahlen nicht gern . . ."

Für dieses Sprücherl, das schon Goethe an den Anfang seines Epiphaniasgedichtes gestellt hat, werden die Kinder mit allerlei Schleckereien, aber auch mit Zehnerln belohnt.

Schon in der Nacht vorher werden die Häuser, Höfe und Ställe „ausgeräuchert": eine vom Vater angeführte kleine Prozession zieht durch Stuben und Kammern bis hinauf zum Dachboden. Geweihte Räucherkörnchen verbrennen auf dem „Glüaht'l", einer Pfanne mit langem Stiel, um „das Sach" im kommenden Jahr vor allem Unglück zu bewahren. Mit geweihten Palmkatzerln vom letzten Palmsonntag wird der Weichbrunn, das Dreikönigswasser, verspritzt. Es ist um vieles mächtiger und wirkungsvoller als das Weihwasser anderer Tage. Beim Gang durch die Räume schreibt der Hausvater mit geweihter Kreide an alle Türstöcke „K + M + B" zusammen mit der neuen Jahreszahl. Den Initialen der drei großen biblischen Könige werden ähnliche Kräfte zugeschrieben wie dem heidnischen Drudenfuß: sie sollen bösen, unheilbringenden Geistern den Schritt über die Schwelle verwehren:

„Die heiligen drei Könige aus dem Morgenland,
Die haben das Glück in der hohlen Hand.
Balthauser treibt den Feind heraus,
Der schwarze Kaspar weiht das Haus,
Der Melcher macht Riegel und Verschluß,
Daß die Weich drinna bleib'n muß!"

. . .und weil man halt doch „nix G'wiß' woaß", fügt man den heiligen Initialen gelegentlich noch einen Drudenhax'n hinzu.

Schnee und Eis laden im Januar bei strahlender Wintersonne unter tiefblauem Himmel zu allerlei sportlichen Wettkämpfen ein. Dabei gebärden sich „Die Grausamen" aus Gaißach bei Bad Tölz besonders waghalsig, wenn sie ihr „Schnablerrennen" fahren. Mit mächtigen Hörnerschlitten, die alltags dem Heu- und Holztransport dienen, sausen sie über einen Ziehweg von der Schwaigeralm hinab und über Schanzen hinunter zum „Gerstland" zu Füßen des Rechelkopfes. Der Schnee stiebt, und wenn sich die zahlreichen Zuschauer die Augen wieder blank gerieben haben, sehen sie oft zwischen verstreuten Holztrümmern lädierte Schlittenlenker liegen. Da der Fasching nicht mehr fern ist, sind Fahrer und Gefährte hin und wieder schon verkleidet und glossieren lokale oder aktuelle Ereignisse.

Ein anderer Wettkampf wird in den ersten Januartagen in Rottach-Egern ausgetragen. Das „Bäuerliche Pferde-Schlittenrennen" wird zwar erst seit 1968 gefahren, hat aber bereits einen festen Platz im Jahreslauf. In den geraden Jahren findet das Rennen auf der Oswaldwiese zu Füßen des Wallbergs statt, in den ungeraden in Parsberg bei Miesbach. Möglichst leichte Eigenbaukonstruktionen stehen am Start, ein Fuhrmann lenkt jeweils ein Pferd. Lediglich in der Klasse der „Oberländer", der kräftigen Bauernrösser, ist der sogenannte Reibschlitten vorgeschrieben, der das Vorderteil des schweren Hörnerschlittens bildet.

Vorausgesetzt, es herrscht ein richtiger Winter, sind die zahlreichen Seen und Weiher spiegelblank gefroren. „Kimmt daher die Winterszeit, g'frein si alle Mannerleut . . ." frohlockt das Eisstockschützenlied! Landauf und landab ruft der „Moar" seine „Moarschaft", die Mannschaft, zusammen, um die Eisbahn mit Besen und Wasserkanne zu präparieren, „auf daß die Eisboh' ferti werd und stimmt, wann die große Kält'n kimmt! Dann kriagt der Eisstock no a Wax, bis er danzt auf huraxdax!" Da kann es schon geschehen, daß die gesamte Moarschaft – gegen allzu große Kälte mit einigen Obstlern gewappnet – aufs Zwölfuhrläuten vergißt, und daß die Knödl daheim im Kochwasser zerfallen. Es ist halt zu spannend, herauszufinden, welche Moarschaft ihre Stöcke am nächsten zur Daube plazieren kann und somit als Sieger aus dem Wettstreit hervorgeht!

Neujahrsanschießen in Höglwörth bei Anger

Am Dreikönigstag werden die Häuser ausgeräuchert

13

„Die heiling Dreikini mit ihrigem Stern . . ."

Das Schnablerrennen erfordert Geschicklichkeit und Kraft

Bäuerliches Schlittenrennen in Rottach-Egern

Moarschaft auf dem Eis

Eisstockschützenlied
überliefert von Horst Haubner

Kimmt daher de Winterzeit,
G'frein si alle Mannaleit,
Gehngans außi aufn Anga,
Mit da Eisboh teans ofanga,
Daß sie ferti werd und stimmt,
Wann de große Kältn kimmt.

Auskehrt sche und d'Wandl gricht,
Kriagt de Eisboh erst a Gsicht;
An Spritzkruag brauchst und a an Hobi,
Nacha werds erst fein und nobi,
Und da Eisstock kriagt a Wax,
Bis er tanzt auf huraxdax.

Schiaßzeit is wia's Weda mag,
Meistens am Stefanitag;
Auf'd Mittagszeit werd vogessn,
D'Hausfrau wart dahoam min Essn,
Und da Moar schreit mit sein Baß:
„Schneidermandl, no a Maß".

FEBRUAR

Faschingstreiben in Landsberg am Lech

*D*er Februar ist vornehmlich der Faschingsmonat, aber auch kirchliche Festtage werden begangen und bäuerliches Brauchtum rankt sich um das sehnsüchtig erwartete Erwachen der Natur. Gleich am zweiten Tag des Monats feiert die Kirche Maria Lichtmeß und gedenkt der Reinigung Mariens (lateinisch februare – reinigen). Als Symbol der Reinigung gilt von jeher die Flamme, und so wurde alles Licht (Wachs) in der Messe geweiht, wie Kirchen-, Oster-, Haus-, Sterbe- und Wetterkerzen. Männer bekamen dicke weiße Kerzen geschenkt, Frauen einen roten Wachsstock und die Kinder bunte Pfenniglichteln. Auch bedankte sich jeder Knecht bei der Magd, die ihm das Bett aufbettete und seine persönliche Habe in Ordnung hielt, mit einem schön verzierten Wachsstock. Solches Wachsgebild besaß einigen Wert und erhielt im Schrank mit dem Heiratsgut der Bäuerin einen Ehrenplatz. Bis 1912 war Maria Lichtmeß ein Feiertag, an dem alle Arbeit ruhte – heute ist es Werktag wie jeder andere auch. Kerzen haben an Wert eingebüßt – man schaltet einfach das elektrische Licht ein, Knechte und Mägde gibt es kaum mehr, Lichterprozessionen und Wachsmärkte werden nicht mehr abgehalten. Lediglich einige wenige Kerzenweiblein verkaufen noch ihre Ware am Lichtmeßtag vor den Kirchentüren. Doch ist es auch heute noch vor allem in ländlichen Gemeinden üblich, Kerzen in der Messe weihen zu lassen.

Und da Glaube und Aberglaube oft dicht nebeneinanderliegen, wird in dem einen oder anderen Haus auch das Kerzenorakel noch befragt werden: geweihte Lichtmeßkerzen gleicher Länge und Dicke werden mit den Namen der Familienmitglieder versehen und angezündet. Nach altem Volksglauben werden dereinst die Angehörigen in der Reihenfolge sterben, in der die Lichtlein verlöschen.

Lichtmeß war früher ein bedeutsamer Tag im bäuerlichen Leben: das Gesinde erhielt seine Jahreslöhnung – Geld und die vereinbarten Naturalien – und konnte zu diesem Tag kündigen. Bis zum 5. Februar hatten sie Zeit, ihre Sachen in Ordnung zu bringen. Die Ordentlichen hatten sich längst um einen neuen Platz gekümmert, an dem sie ohne Verzögerung einstanden. Die Liederlichen aber nützten diese „Schlänkeltage", „schlingelten" fidel herum und brachten in Wirtshäusern bisweilen ihre gesamte Jahreslöhnung durch.

Am 3. Februar ist der Ehrentag des Märtyrers St. Blasius. Der Legende zufolge hatte er einmal einen Knaben, dem eine Fischgräte im Halse steckte, vor dem Erstickungstod gerettet, indem er ihn mit dem Kreuzzeichen segnete. Deshalb wird St. Blasius als Beschützer vor allen Halskrankheiten verehrt, und an seinem Patroziniumstag wird weithin noch „eingeblaselt": der Pfarrer hält zwei brennende gekreuzte Kerzen an den Hals des Gläubigen und spricht den Blasiussegen. Für ein ganzes Jahr ist er dann gefeit gegen alle Halskrankheiten. Auch Wasser und Salz für das Vieh gewinnen heilkräftige Wirkung durch die „Benedictio salis et aquae in die Sancti Blasii" (durch den Segen von Salz und Wasser am Tag des Hl. Blasius).

Anfang Februar wartet die bäuerliche Bevölkerung schon darauf, daß endlich der Schnee wegschmilzt, daß Feld und Flur „aper" werden. In heidnischer Zeit versuchte man, mit allerlei

Lärm die bösen Wintergeister zu vertreiben. Geblieben ist davon das „Aperschnalzen". Aus dem ehemals kultischen Handeln ist ein sportliches Messen von Kraft und Geschicklichkeit geworden. Im Rupertiwinkel treffen sich alljährlich Ende Januar oder Anfang Februar die einzelnen Passen, das sind Mannschaften zu je neun Goaßlschnalzern. Die Peitschen der neun Schnalzer sind verschieden lang, wobei je fünf Zentimeter eine Tonstufe abgeben. Der Anführer einer Passe, der „Aufdraher", schwingt die leichteste Peitsche und gibt das Zeichen zum Beginn des Schnalzens, ein ohrenbetäubender Knall ertönt, dicht gefolgt von den übrigen Knallern der Passe. Eine unbestechliche Jury ermittelt, welche der Passen am gleichmäßigsten und lautesten knallt.

Alle sieben Jahre tanzen auf Münchens Straßen und Plätzen im Fasching die Schäffler. Nach der Überlieferung soll dieser Brauch auf das Pestjahr 1517 zurückgehen. Die furchtbare Seuche hatte die Münchner Gassen leergefegt, wer überlebt hatte, wagte sich aus Angst vor Ansteckung nicht aus dem Haus. Das blieb auch so, als die Pest bereits abgeklungen war; alle Werkstätten blieben geschlossen, der Handel war völlig zusammengebrochen. Da waren es die Schäffler (= Küfer, Böttcher), die mit ihrem Zunfttanz die Münchner aus den Häusern lockten. Der gestrenge Bayernherzog Wilhelm IV. dankte für die mutige Tat und ehrte die Schäffler damit, daß er anordnete, ihr Zunfttanz solle alle sieben Jahre aufgeführt werden. Und so wird es auch heute noch gehalten: Grüne Buchsreifen schwingend tanzen die Schäffler zu den Klängen einer Blasmusik, angetan mit roten Wämsen,

schwarzen Hosen, weißen Strümpfen, grünen Mützen, den ledernen Schurz umgebunden, zur Freude der Münchner und der Fremden um ein schön geschmücktes Faß. Darauf steht der Vortänzer, der nach dem Rhythmus des alten Liedes „Aber heit is kalt, aber heit is sakramentisch kalt . . . " zwei Faßreifen schwenkt, in denen jeweils ein bis zum Rand gefülltes Schnapsglas steht, kein Tropfen darf davon verlorengehen! Während des Tanzes treiben zwei Hanswurste allerhand Schabernack unter den Zuschauern: sie verprügeln die jungen Burschen mit ihren Pritschen, während sie die Gesichter der jungen Mädchen mit insgeheim berußten Fingern liebkosen. Manch eine Schöne merkt erst am Gelächter der Umstehenden, daß wohl irgendeine Teufelei im Spiel war.

Mit dem Schäfflertanz sind wir schon mitten in der Faschingszeit. Natürlich hat auch der bayrische Fasching eine Wandlung erfahren. Die Tendenz unserer Zeit, alles anzugleichen, Fremdes nachzuahmen, hat auch den Fasching nicht verschont und so kann es nicht verwundern, in München oder in anderen bayrischen Städten auf Allerweltsbälle zu treffen, die in jeder beliebigen deutschen oder europäischen Stadt abgehalten werden könnten.

Trotzdem gibt es noch immer in München Faschingsfeste, die es rechtfertigen, daß diese Zeit vor allem in Schwabing als die „fünfte Jahreszeit" apostrophiert wird. Dabei wäre an die verschiedenen Künstlerfeste zu erinnern, an die Bälle der „Damischen Ritter" mit blutrünstigem Ritterschauspiel und altritterlicher Ballettparodie, oder an die berühmte Vorstadthochzeit, bei der jeder Teilnehmer des Festes eine Rolle übernehmen muß, die eben in diese Persiflage auf eine Kleinbürgerhochzeit des vergangenen Jahrhunderts paßt.

Der Schwerpunkt des bayrischen Faschings lag aber von jeher auf den letzten Tagen, und da finden sich zahlreiche Faschingsbräuche. Schließlich muß der bayrisch-barocke Mensch sich noch richtig austoben, bevor die stille Fastenzeit zu innerer Einkehr mahnt.

So ist etwa am „Unsinnigen Donnerstag" (dem Donnerstag vor dem Faschingssonntag) ganz Dorfen im Landkreis Erding in Händen der „Hemadlenzen". Die Dorfener laufen in weißen Nachthemden und langen weißen Unterhosen herum, schwarze Zipfelmützen auf dem Kopf; ein Zug formiert sich und zieht, angeführt von einer Blaskapelle, zum Marktplatz. Dort wird eine Strohpuppe verbrannt – der böse Winter, der endlich dem Frühling weichen soll.

Eine ähnliche Verquickung von Faschingsgaudi und Frühlingszauber liegt dem Treiben der Jacklschutzer in Mittenwald zugrunde. Ebenfalls am Unsinnigen Donnerstag ziehen hier die jungen Burschen unter die kurze Lederne lange Unterhosen und binden Stoffmasken vors Gesicht. Damit sie vollends unkenntlich werden, verhüllen schwarze Tücher ihre Hinterköpfe. Mit einem großen Tuch schutzen (= schnellen) sie den Winter, eine mannsgroße Strohpuppe namens Jackl, in die Luft.

„Oans, zwoa, drei! Jackl hupf auf d' Höh,
unt' am Boden fressen di d' Flöh!"

Gleichzeitig sind in Mittenwald, aber auch in Partenkirchen die Schellenrührer unterwegs. Obschon um diese Zeit noch eisige Kälte herr-

schen kann, tragen sie zur Kurzen Wadlstrümpfe und ein weißes Leinenhemd. Ein breiter um den Bauch gebundener Ledergürtel ist hinten mit schweren Kuhglocken besetzt. Gleichartige, hölzerne Schönmasken vermummen ihre Gesichter. Sie stellen sich in einer Reihe hintereinander auf und tanzen mit bändergeschmückten Reisigbögen in der Hand rhythmisch von Wirtshaus zu Wirtshaus: Schritt – Schritt – Wechselschritt…so, wie es ihr weißgewandeter Vortänzer angibt. Natürlich werden sie dann von mittags bis abends immer lustiger. Aber bei der Kälte braucht man halt etwas zum Aufwärmen und außerdem kann Ausgelassenheit im Fasching nicht schaden!

Am Faschingsmontag bricht auf der Firstalm oberhalb des Spitzingsees der Ski-Fasching aus: Phantasievoll kostümierte Maschkera fahren und kugeln über die Hänge: Hexen, Sultane, Pferd mit Reiter, Vampire, Skitandems – es gibt nichts, was es nicht gibt! Natürlich ziehen auch viele unmaskierte Schaulustige hinauf zur Firstalm, aber wo der rechte Faschingsgeist herrscht, tut das der Gaudi keinen Abbruch.

Die Standlfrauen des Münchner Viktualienmarktes haben am Faschingsdienstag ihren großen Auftritt; jede versucht ihre Nachbarin auszustechen. Feine Damen der Jahrhundertwende tanzen zierlich mit mollerten Zwetschgenweiberln, Gärtnerinnen, dralle Dirndln, fesche Lolas, kracherte Animierdamen bevölkern den Viktualienmarkt und beziehen, ohne viel zu fragen, die vielen Zuschauer und Gaffer mit in das bunte Treiben ein. Mancher Kunde muß zweimal hinschauen, bis er seine Standlfrau wiedererkennt! Ja, ja, im Fasching ist – wenn's leicht geht – ois anders! Und wer auch nach einem langen Fasching noch nicht genug hat, kann sich bei einem Kehraus zum letztenmal austoben – bis ihn ab Mitternacht der anbrechende Aschermittwoch unausweichlich zu innerer Einkehr zwingt. Je wilder der Fasching gefeiert wurde, umso tiefer ist oft die Reue. Mea culpa, mea maxima culpa! Man geht in der Aschermittwochsmesse zum Einascherln: sinnfällig zeigt das Aschenkreuz, das der Geistliche dem Bußfertigen auf die Stirn zeichnet: „Memento homo, quia pulvis es et in pulverem reverteris! Gedenke, Mensch, daß du Staub bist und wieder zum Staub zurückkehren wirst!" In München zelebriert der Erzbischof in der Theatiner-Kirche St. Kajetan für die Künstler diese Messe. Damit hat die vierzig Tage dauernde Fastenzeit angefangen. Frühere Kirchengebote verlangten von den Gläubigen strenge Enthaltsamkeit; richtig sattessen durfte man sich nur einmal am Tag, Fleisch zu verzehren galt als schlimme Sünde. Heute wird ernstes Fasten nur noch für einzelne Tage der Karwoche und für den Aschermittwoch vorgeschrieben.

Der Blasiussegen bewàhrt ein Jahr lang vor Halsleiden

Jacklschutzer und Schellenrührer in Mittenwald

Münchner Schäfflertanz

Faschingsgaudi auf der Firstalm

Tanz der Marktfrauen auf dem Münchner Viktualienmarkt

Die Aperschnalzer vertreiben den Winter

Bauernregeln

Wenn's der Hornung gnädig macht,
bringt der Lenz den Frost bei Nacht.

Wenn im Februar die Katze
Liegt im Sonnenschein,
Muß sie im März
In den Ofen hinein.

Wenn im Februar die Schnaken geigen,
Müssen sie im Winter schweigen.

Scheint an Lichtmeß die Sonne heiß,
Bringt der Märzen Schnee und Eis.

Lieber sein Weib auf der Bahr,
Als zu Lichtmeß hell und klar.

Sonnt sich der Dachs in der Lichtmeßwoch,
Geht er hernach wieder vier Wochen ins Loch.

Wenn's an Lichtmeß stürmt und schneit,
Ist der Frühling nicht mehr weit,
Ist es aber klar und hell,
Kommt der Lenz wohl nicht so schnell.

Nasse Kappe im Februar
Bringt Glück und Segen fürs ganze Jahr.

Lichtmeß trüb
Ist dem Bauern lieb.

Matheis (= 24. Februar) brichts Eis.

Möschenfeld im Landkreis Ebersberg „Im Märzen der Bauer . . ."

Im alten Bauernjahr war der März der Lenzing und zumindest dem Kalender nach beginnt auch am 21. Tag dieses Monats der Frühling. Die Felder werden bestellt, das erste zarte Grün überzieht die Landschaft.

Da gehen im Rupertigau Buben mit umgehängten großen Glocken über die Wiesen und läuten das Gras aus. Wahrscheinlich geht auch dieser Brauch auf eine heidnische Flurerweckungszeremonie zurück. Sicher ist aber, daß die Buben für ihr Bemühen um eine gute Heuernte von der Bäuerin eine kleine Belohnung erhalten.

Im übrigen ist der März eher eine stille Zeit, die der gläubige Mensch zur inneren Vorbereitung auf das Osterfest nützt. Vierzig Tage Fasten sollen seine Reue und Buße unterstützen. Früher waren während dieser Zeit die Metzgerläden geschlossen, so daß niemand zum Bruch der Kirchengebote verleitet wurde. Nur wenige Fastenmetzger waren berechtigt, an Leute mit Sonderdispens kleinere Portionen abzugeben. Mönche kasteiten sich noch mehr als die übrige Christenschar, und um nicht ganz vom Fleisch zu fallen, erinnerten sie sich an die Regel „liquida non frangunt ieiunium" – Flüssiges bricht die Fasten nicht – und brauten eben ihr Bier dicker und stärker ein.

Das berühmteste aller Münchner Starkbiere, den Salvator, brauen seit 1651 die Paulaner, ein Bettelorden aus Italien. Sie standen beim Kurfürsten in so hohen Gnaden, daß ihnen die Taxe für das Bier erlassen wurde. Jeder Bedürftige erhielt an der Klosterpforte von den barmherzigen Mönchen vom kräftigen Fastenbier und 1751 bekamen die Paulaner auch die Lizenz zum allgemeinen Bierausschank.

1780 ritt Kurfürst Karl Theodor (1777–1799) hinauf zum Nockherberg und kostete höchstderoselbst das starke Braune.

„War im März gen Judica
Wiederum der Frühling nah,
Kam zu ehren alte Sitten
Der Herr Kurfürst selbst geritten
Auf die Neudeck ob' der Au
Zum Paulaner Klosterbau.
Dort empfing den Landesvater
Barnabas, der Bräuhausfrater,
Ihm beglückt und freudeglänzend,
Einen Humpen Bier kredenzend,
Mit dem Gruß, der bis zur Stunde
Sich erhielt in Volkesmunde:
Salve Pater patriae!
Bibas, princeps optime!"

Das Bier des Oberpfälzer Braumeisters Frater Barnabas Still hat nichts von seiner Köstlichkeit eingebüßt und alljährlich an Josefi (19. März) findet im Paulaner Thomasbräu auf dem Nockherberg ob der Au der feierliche Salvatoranstich statt. Und noch heute gebührt die erste Maß im schön geschmückten Humpen dem Landesvater, jetzt dem jeweiligen Ministerpräsidenten, gemäß der Wandlung zum demokratischen Freistaat. Statt des kurfürstlichen Hofstaats überzeugen sich Persönlichkeiten des politischen und öffentlichen Lebens von der Güte des Gerstensafts. Zeitgemäß verfolgen Presse, Funk und Fernsehen die Zeremonie, die noch mit allerlei weißblauen Darbietungen umrankt wird. Kurz, ein Brauch mit lebendiger Tradition.

Aschermittwoch in der Theatinerkirche

Starkbierfreuden am Nockherberg

Grasausläuten im Rupertigau

Fruahjahrsliadl
nach Horst Haubner/Kurt Huber

Jetzt fangt si scho des Fruahjahr o,
Es freit si was si freia ko,
Und alles fangt zum Greana o.

Und alles is lusti auf da Welt,
Es blüahn viel Bleamal auf dem Feld,
Sie blüahn weiß, blau, rot und gelb.

Und wann i durch die Auen geh,
Da singt des Lerchal in da Höh,
Wann i zu meiner Herzliabst'n geh.

Und wann i vor ihr Fensterl kimm,
da hör i scho an andern drinn,
Oft sag i, daß i nimma kimm.

Jetzt geh i naus in greana Wald,
Da mach i mir mein Aufenthalt,
Weil mir des Deandl nimmer g'fallt!

Launisches Wetter über der Blutenburg

Ungeachtet dessen, daß Ostern keinen festen Platz im Gregorianischen Kalender einnimmt und also auch in den März fallen kann, gilt der April doch gemeinhin als Ostermonat. Gefürchtet ist sein wechselhaftes Wetter, und bisweilen muß man sich an einem Tag auf Sonne, Regen, Wärme, Kälte, Schnee und am Ende gar noch auf ein Gewitter einstellen. So hofft das ganze Land, daß wenigstens während der in der Osterzeit so beliebten Umgänge das Wetter aushalte; viele Osterbräuche sind ja eng mit dem Erwachen der Natur verbunden, weshalb man sie im Freien halten möchte. Die Karwoche (Kar = althochdeutsch Trauer) beginnt mit dem Palmsonntag. Man gedenkt der Ereignisse beim Einzug Jesu in Jerusalem. Früher wurde das Fest in vielen Pfarreien mit feierlichen Prozessionen begangen: wie es in der Bibel geschildert steht, zog Jesus – dargestellt von einem Ministranten – auf einem Esel zum Hause des Herrn. Da störrische Esel oft dem Ernst des Anlasses nicht gerecht wurden und die Prozession nicht zu einem allgemeinen Gaudium ausarten durfte, griff man lieber zu Holzeseln, auf denen auch gleich ein geschnitzter Jesus in Lebensgröße sitzt. Dieser Brauch ist heute recht selten geworden. Bis heute wird er aber im niederbayrischen Kößlarn gepflegt, wo sogar noch der alte gotische Holzesel mit der darauf thronenden Christusfigur erhalten ist.

In allen katholischen Pfarreien des Landes werden am Palmsonntag Palmbuschen verschiedenster Art geweiht, die meist die Kinder zur Kirche bringen. Tage vorher haben sie schon alles zusammengesucht, um ihre Altersgenossen mit dem schönsten Palmbaum auszuste-chen: Palmkatzerl (= Weidenkätzchen), das frische Grün der Weidenruten, Buchszweigerl, rotbackige Äpfel, blaugrüne Wacholderäste werden zu einem dicken Buschen gebunden und mit farbigen Spanlocken verziert. Die ganze Pracht wird an einem mit Efeu umwundenen, möglichst langen Haselstecken befestigt und in der Palmprozession zur Kirche getragen. Der Geistliche weiht die Buschen, mit denen der Segen Gottes in jedes Haus gebracht wird. Einzelne Zweige aus dem Palmbaum schmücken später den Herrgottswinkel in der Stube, andere werden unter dem Dachgiebel und im Stall aufbewahrt, damit sie ein ganzes Jahr lang das Sach und seine Bewohner vor Unheil, wie Blitz- und Hagelschlag, Viehseuchen und Krankheiten beschützen. Bei besonders heftigen Gewittern wird die Bäuerin dann einige der geweihten Katzerl in der Flamme der Wetterkerze verbrennen. Zweige des Buschens in Äcker und Felder gesteckt, bewirken reichliches Wachstum. Auch der Toten wird gedacht, indem man ihre Gräber mit den Weidenkätzchen schmückt.

Für die Bezeichnung „Gründonnerstag", dem nächsten markanten Tag in der Karwoche, gibt es verschiedene Erklärungen. Weniger wahrscheinlich ist, daß das Wort „greinen" (= weinen) darin enthalten ist. Eher leuchtet schon ein, daß es sich um den „dies viridium", den „Tag der Grünen", der grüngewandeten öffentlichen Büßer handelt, die drei Tage vor Ostern wieder in den Schoß der Kirche aufgenommen wurden; daher ist der Gründonnerstag auch als „Antlaßtag", als Ablaßtag bekannt. Das Volk aber zerbricht sich nicht den Kopf mit derlei Überlegungen und entnimmt aus dem Namen schlicht die Ermahnung, statt einer Fleischspeise lieber etwas Grünes zu essen. Früher kam traditionell die Kräutlsuppe – bestehend aus sieben, neun oder auch zwölf verschiedenen Kräutern – auf den Tisch. Heute tut's auch eine einfache Kerbelsuppe oder Spinat und Spiegeleier. Fest steht jedenfalls: wer am Gründonnerstag etwas Grünes ißt, bleibt das ganze Jahr hindurch gesund.

Der Legende nach fliegen am Gründonnerstag die Glocken nach Rom, um erst zum Gloria am Karsamstag zurückzukehren. So fällt den Ministranten die wichtige Aufgabe zu, mit hölzernen, klappernden Ratschen die Gläubigen zur Messe zu rufen.

> „Wir ratschen, wir ratschen
> den Englischen Gruß,
> Daß die Leut' wissen,
> daß man beten muß!"

Mit großem Eifer sind die Buben bei der Sache – nicht nur weil sich mit Karfreitagsratschen ein ohrenbetäubender Krach vollführen läßt, sondern auch weil die Kirchgänger die fleißigen Ratscher am Karsamstag für ihren Dienst mit einem kleinen Obolus belohnen.

Am Karfreitag beten die Gläubigen an den Heiligen Gräbern. Früher waren diese Grabesgrüfte nahezu in jeder Kirche aufgebaut; eine Änderung der Liturgie bewirkte, daß dieser Brauch zur Seltenheit wurde. Heute schätzt man diese bildhafte Veranschaulichung der Passionsgeschichte zunehmend. So kann man wieder in zahlreichen Dorf- und Stadtkirchen die Heiligen Gräber in ihrer Pracht bewundern: in der Grabesnische ruht der wundenbedeckte Leichnam des Herrn, oft mit einem kostbaren

zarten Spitzenschleier umhüllt; schlafende Wächter flankieren die Felsenhöhle, betende Engel knien zwischen zahllosen Blumen und brennenden Kerzen. Als das prächtigste der bayrischen Heiligen Gräber gilt das von Höglwörth im Berchtesgadener Land. Glücklicherweise sind alle barocken Aufbauten aus dem 18. Jahrhundert noch erhalten. Es ist so umfänglich, daß es nur alle drei Jahre aufgebaut werden kann. Dann aber strömt aus nah und fern alles zusammen, um die barocke Scheinarchitektur, die eine biblische Landschaft darstellt und den ganzen Altarraum ausfüllt, zu bewundern. Zahllose bunte, mit Wasser gefüllte Glaskugeln, hinter denen Öllämpchen flackern, illuminieren als Ausdruck der „erbarmenden Liebe und himmlischen Herrlichkeit" die Szenerie.

Diese für Christen so wichtige Zeit ist von mannigfaltigem Brauchtum erfüllt: Ölbergandachten und Karfreitagsprozessionen werden durchgeführt, und im Fletzinger Bräu zu Wasserburg treffen sich gar die Bauern zum „Graberlbier".

In der Nacht zum Ostersonntag flammen die Osterfeuer auf. Vor der Kirchentür wird ein Holzhaufen angesteckt. Der Priester spricht Gebete und segnet das Feuer. Dann entzünden die umstehenden Gläubigen ihre Osterkerzen und tragen das Licht zum Altar. Der Kirchenraum erhellt sich, Christ ist erstanden. Das verkünden auch die Osterfeuer, die in den Bergen aufflammen, und wenn in Lenggries die Schulbuben die Osterglut von Haus zu Haus tragen und die am Karfreitag verloschenen Herdfeuer wieder entfachen, wird symbolisch die Auferstehung und das Leben des Herrn dargestellt.

Im Verlauf der festlichen Ostermesse weiht der Geistliche das Taufwasser und die zahlreichen Osterkörbchen, welche die Kirchgänger in langer Prozession am Altar vorübertragen. In der Mitte ruht ein Osterlamm aus Biskuit, eine bunte Osterfahne im Rücken. Rundherum sind Osterfladen, Brot, Salz, Geräuchertes, Meerrettich und gefärbte Eier angeordnet, die am Gründonnerstag gelegt sein sollten, weil solche „Antlaßeier" nach altem Volksglauben nicht faulen. Nach der Messe findet dann zu Haus ein Imbiß statt, und jedes Familienmitglied muß von allem was das „G'weichtl" enthält, etwas kosten. Nichts darf übrig bleiben, weil man ja Geweihtes nicht einfach wegräumen kann. Wehe, wenn die Hausfrau eine zu große Meerrettichwurz'n ausgesucht hat! Inzwischen haben die Kinder längst gesucht und gefunden, was ihnen der Osterhase ins Nest gelegt hat. Sie versuchen nun die Anzahl ihrer Ostereier im edlen Wettstreit zu vermehren: „Spitz auf Spitz und Arsch auf Arsch" schlagen sie nach Simon Aiblinger ihre Eier aneinander, wer sein Ei beim Eierpecken zerbricht, hat es an den Gegner verloren.

Einen recht seltenen Brauch pflegen seit rund zweihundert Jahren die Männer aus Waldkirchen im Landkreis Freyung-Grafenau. Sie treffen sich am Ostermontag frühmorgens zwischen vier und halb fünf Uhr auf dem Marktplatz. Dann ziehen sie von der Lourdes- über die Zwieselholz- zur Karolikapelle. Sie erinnern damit an die beiden Jünger, die am Tage nach der Auferstehung nach Emmaus wanderten und Jesus nicht erkannten, als er ihnen erschien. Die Waldkirchner Männer stecken sich zum Zeichen der Zusammengehörigkeit ein Tannenzweigerl an den Hut und gehen in lockerer Formation, ohne Fahnen, ohne Begleitung durch eine Blasmusik. An den Kapellen wird gebetet, um die Karolikapelle herum suchen sie symbolisch nach Jesus und wandern zurück zur Pfarrkirche.

In Bayern werden am Ostermontag verschiedene Georgiritte abgehalten. Eigentlich ist ja der 23. April Georgitag, da das aber meist ein Werktag ist und man so der Bedeutung des Heiligen Georg nicht mit einem festlichen Umzug gerecht werden könnte, haben die Traunsteiner und niederbayrischen Aidenbacher den Ostermontag zum festen Termin für den Georgiritt erwählt. St. Georg, der Legende nach im Jahre 303 unter Kaiser Diokletian enthauptet, ist nicht nur der sagenumwobene Drachentöter, sondern auch der Schutzpatron der Bauern und Pferde. Deshalb spielt er bei den bäuerlichen Flurumritten, die eine gute Ernte herabbitten sollen, auch eine so große Rolle. In Aidenbach reitet er in historischer Rüstung, im Gefolge von allen Rössern und Reitern der Umgebung zur Kirche, wo die Messe zelebriert und der Segen für Mensch und Tier gespendet wird.

Der Traunsteiner Georgiritt spielt sich ähnlich, nur prächtiger ab. Am Nachmittag wird das Fest mit einem Schwertertanz fortgesetzt, der die Austreibung des Winters symbolisiert. Sechzehn Tänzer tanzen mit ihrem Vortänzer in mittelalterlicher Landsknechtstracht mit blumenumwundenen Schwertern die seit 1530 festliegenden Figuren. Höhepunkt ist die sogenannte Rose: die sechzehn Tänzer bilden einen Kreis, in dessen Mitte sie strahlenförmig ihre Schwerter halten; auf die Plattform, die sich so ergibt, heben sie den Vortänzer.

Palmesel und Palmbuschen versinnbildlichen den Einzug Jesu in Jerusalem

41

Ratschen rufen am Karfreitag zur Messe (Ramsau, Oberbayern)

Heilige Gräber zum Zeichen der Trauer

43

Die Waldkirchner Männer auf dem Emmausgang zur Karolikapelle

Osterg'weichtl und Eierpecken vor Weihenlinden

Schwertertanz in Traunstein am Ostermontag

Georgiritt im niederbayerischen Aidenbach am Ostermontag

Der Kammerwagen – A sauber's Madl und a schön's Sach

48

*D*er Mai wird gern auch als der Wonnemond bezeichnet – nicht nur, weil sich die Natur zusehends lieblich mit Blumen und Blüten schmückt, sondern auch, weil in den Burschen und Mädchen die Säfte steigen, so daß überall im Lande die Liebschaften sprießen wie die Maischwammerl! Daher ist es wohl angezeigt, etwas über das vielfältige Brauchtum zu erzählen, das sich mit dem Heiraten verbindet.

Wenn sich die jungen Leute nach langen, innigen, aber durchaus ehrsamen Audienzen am Kammerfenster einig geworden sind, wenn auch die Eltern ihren Segen gegeben haben, und der Pfarrer das Eheverlöbnis in der sonntäglichen Messe verkündet hat, beginnen die eigentlichen Vorbereitungen. Die Braut schaut ihren sorgsam zusammengetragenen, fein genadelten Wäscheschatz noch einmal durch und gibt bei der Schneiderin ein Festtagsdirndl in Auftrag. Beim Wirt wird das üppige, aus vielen Gängen bestehende Mahl bestellt, und der Hochzeitslader, auch Prograder (= Prokurator) genannt, wird gebeten, die Verwandten des Paares und überhaupt das ganze Dorf einzuladen. Der Prograder zieht sein Sonntagsg'wand an und setzt einen hohen Hut auf, an den er einen Zweig vom immergrünen Rosmarin, der heimatlichen Myrthe, steckt, die auch Ewigkeitskraut genannt wird, weil zwei Menschen, die sich gegenseitig so ein Zweigerl angesteckt haben, der Überlieferung nach in Ewigkeit nicht mehr voneinander loskommen. In die Hand nimmt der Prograder seinen langen Ladestock, der ebenfalls mit einem Buschen, den weißen und roten Bändern der Freude und Rosmarin geschmückt ist. Mit wohlgesetzten Versen lädt er die Gäste zum Hochzeitsschmaus, und damit diese den Termin nicht vergessen, schreibt er ihn mit einem Stück Kreide an die Haustüre. Oft fügt er auch noch die Höhe des Mahlgeldes hinzu, denn es versteht sich, daß die Hochzeiter oder deren Eltern so viele Leute nicht beköstigen können. Außer für das Mahlgeld kommen die Gäste noch für die Musikanten auf und spendieren dem Brautpaar einen Betrag als „Ehrgeld" oder überreichen ein Geschenk. Ja, so eine bayrische Hochzeit ist nicht billig! Übrigens, weil wir gerade schon beim Geld sind: es wird immer mehr der Brauch, wieder die Dienste eines Hochzeitsladers in Anspruch zu nehmen, und für manchen Kleinbauern oder Nebenerwerbslandwirt, der ein begabter Verserlschmied ist und das Talent hat, größere Runden zu unterhalten, bietet sich damit die Gelegenheit eines gar nicht geringen Zubrots – wofür jetzt wieder die Brautleute aufzukommen haben.

Das ganze Dorf ist auf den Beinen, wenn die Braut, zuhöchst auf dem Wagen thronend, mit ihrem gesamten Sach, dem Heiratsgut, zum Hof des Bräutigams fährt. Die Lieblingskuh der Braut trottet festlich geschmückt hinterdrein, dem neuen Stall entgegen. Ausgiebig beredet und begutachtet wird die Qualität von Kasten, Bettstatt, Wiege, Tisch, Kommoden, Stühlen, Wäsche, Geschirr, Tiegeln, Flachs, Wachsstöcken und anderer Auszier. Aber hören wir uns bei Karl Stieler an, wie so ein Kammerwagen aussieht:

„. . . Der Flachs und die Kasten,
Und d'Bettstatt und d'Wieg'n!
Wie's nachanand hergeht
Liegt's nachanand oben,

Und des allerschönst' Dirndl
Sitzt z'höchst oben droben.
Aber hint'nach geht's Blaßl,
Die allerschönst' Kuah,
Wo's Lisei dahingeht,
G'hört's Blaßl dazua! . . . . . "

Doch überlassen wir jetzt unser Brautpaar der rauschenden Festesfreude ihres Ehrentages und wenden wir uns den Freuden zu, die der Mai noch für uns bereithält.

Gleich am ersten Tag des Monats feiern Stadt und Land den endgültigen und unbestrittenen Einzug des längst erwarteten Frühlings: der Maibaum wird aufgestellt. Erste Berichte über Maibäume gehen bis ins 13. Jahrhundert zurück und Volkskundler erklären sich diesen Brauch als Überbleibsel germanischer Wald- und Baumverehrung, sie sehen in ihm ein Sinnbild allen Werdens und Fruchttragens. Sei's wie's will – heute jedenfalls stellt der Maibaum ein Symbol für den Wohlstand einer Gemeinde dar und je prächtiger er geschmückt ist, umso länger darf er stehenbleiben. Erst wenn der „örtliche Stolz" durch Witterungseinflüsse unansehnlich geworden ist, wird er durch einen neuen ersetzt. Von amtswegen muß aus Sicherheitsgründen aber mindestens alle fünf bis sechs Jahre ein Wechsel erfolgen. Und das erfordert viele Mühen und Anstrengungen. Spendiert wird der Maibaum von einem Verein, der Gemeinde oder vom Wirt, vor dessen Anwesen er dann auch aufgestellt wird. Schon Wochen vor der Maibaumfeier wird eine dreißig bis vierzig Meter hohe Fichte ausgesucht, gefällt, entrindet und abtransportiert. Sobald der Stamm getrocknet ist, wird er entweder weiß – blau geringelt, oder auch, in Ge-

birgsnähe, naturbelassen und dafür mit grünen Reisiggirlanden, dem Schneck, umwunden. Liebevoll geschnitzte und bemälte Holzbilder, die Szenen aus dem Alltag der Gemeindebürger oder auch die Zunftzeichen der ortsansässigen Handwerksbetriebe darstellen, werden paarweise am Stamm befestigt.

Eigentlich könnte man nun getrost den 1. Mai abwarten, an dem die prächtige „Traditionsstange" aufgestellt werden soll – wenn ihr nicht die allergrößten Gefahren drohten: von altersher ist es nämlich Brauch, den Nachbargemeinden den Maibaum zu stehlen und deren Prachtstück nur gegen ein Lösegeld in Form von Naturalien herauszugeben. Ein Faßl Bier muß mindestens herausspringen, bevor die stolzen Diebe das Riesentrumm im Triumphzug zurückbringen. Kein Richter würde einen solchen Diebstahl ahnden, aber statt Gewalt ist nur List erlaubt, der Baum darf keinesfalls beschädigt werden.

Die Burschen von Unterbrunn im Landkreis Starnberg sind die Rekordhalter im Maibaumstehlen. Bis zum Jahre 1980 waren ihnen zwanzig Diebstähle geglückt. Schlitzohrigerweise suchen sie nur reiche Gemeinden heim, weil da eine attraktive Auslöse zu erwarten ist. Selbst die Landeshauptstadt München wurde nicht verschont! Dort waren die Unterbrunner schon dreimal erfolgreich, zuletzt in der Karsamstagnacht 1979. Die Münchner mußten dafür neun Hektoliter Bier stiften. Sympathisch von den Unterbrunner Buam ist aber wieder, daß sie das ganze Bier nicht allein trinken, sondern ihre Opfer an dem rauschigen Fest immer teilnehmen lassen; weil: g'lebt is glei – und warum sollte eine so schöne Gelegenheit ungenützt verstreichen!

Aber selbstverständlich möchte man es gar nicht so weit kommen lassen, schließlich fürchtet man den Spott der Nachbargemeinden. Deshalb schieben g'standene Mannsbilder rund um die Uhr Wache. Mitglieder der freiwilligen Feuerwehr und scharfe Hofhunde gehören mit zur Wachmannschaft und schwere Eisenketten sichern zusätzlich den Maibaum.

Wenn endlich der 1. Mai gekommen ist, steht den geplanten Feierlichkeiten nichts mehr im Weg. Schon in aller Früh schmücken Mädchen den Baum mit Girlanden und befestigen einen dicken Kranz am oberen Ende. Zuweilen werden dahinein allerhand Trophäen, wie Wurstkränze oder bunte Seidentücher gebunden, die sich später besonders verwegene junge Männer erkraxeln können. Wenn schließlich im Verlauf des Vormittags die Ortshonoratioren, die Blasmusik und nicht zuletzt das Freibier eingetroffen sind, stellen die Mannerleut unter großem Kraftaufwand in herkömmlicher Weise mit Zangen (Schwaibeln) und dazwischengebundenen Hanfseilen den Maibaum auf. Abends schwenken dann die Burschen ihre Dirndln bis tief in die Nacht hinein beim Maitanz.

In den Kirchen wird am 1. Mai der Ehrentag der Patrona Bavariae, der Muttergottes, gefeiert, unter deren Schutz der fromme Kurfürst Maximilian I. sein Land um die Wende zum Jahr 1600 gestellt hat. Es ist daher nur folgerichtig, wenn die Volksfrömmigkeit in Bayern mit seiner überaus großen Anzahl von Marienwallfahrten und Gnadenstätten vor allem die Himmelskönigin verehrt und ihr auch den lieblichsten Monat gewidmet hat. Über und über mit Blumen geschmückte Marienaltäre werden errichtet und jeden Abend füllen sich die Kirchen zur Maiandacht, in der die Lauretanische Litanei gebetet wird. Nächtliche Fackelzüge werden abgehalten, Wallfahrten zu Ehren Mariens finden statt.

„Geleite durch die Welle
das Schifflein treu und mild
Zur heiligen Kapelle, zu deinem Gnadenbild.
Und hilf ihm in den Stürmen,
Wo sich die Wogen türmen,
Maria, Maria, o Maria hilf!

Du gnadenreiche Taube,
O segne unser Land,
Die Ähre und die Traube,
Den Fleiß und Schweiß der Hand,
Und die voll Hunger darben,
Den Armen ohne Garben,
Maria, hilf!

Und die verlassen klagen,
In Sturm und Frost und Wind,
Die unterdrückt, geschlagen,
Verwaist und hilflos sind,
Wenn jeder Trost entschwunden,
Den Kranken, Todeswunden,
Maria, hilf!"

Besonders besucht wird aber Altötting, der Hauptgnadenort Altbayerns. Seine wundertätige schwarze Madonna wird mit inniger Frömmigkeit verehrt und Hunderte von Votivtafeln aus fünf Jahrhunderten künden von den Mirakeln, die auf ihre Fürbitte hin geschahen.

Die warme, milde Jahreszeit lockt die Städter hinaus ins Freie. Die Münchner strömen in ihre Biergärten, etwa den Hirschgarten, zum Chinesischen Turm oder zum Aumeister. Man holt sich beim Schenkkellner eine frische Maß und packt die mitgebrachte Brotzeit aus. Wer diese Mühe scheut, kauft sich an den einzelnen Buden einen kleinen Imbiß. Das Schöne daran ist, daß man seine Freunde und Spezeln trifft und mit ihnen gemütlich reden kann. Die Kinder genießen ihre Freiheit und tollen über nahe Wiesen, oder fahren ein paar Runden mit dem alten Karussell neben dem Chinesischen Turm.

Im Mai beginnen auch wieder die beliebten Floßfahrten ab Wolfratshausen die Isar abwärts bis zur Floßlände in Thalkirchen. Zwar wird das Holz längst nicht mehr aus wirtschaftlichen Gründen von den Bergen hinunter in die Landes-hauptstadt getriftet, doch darf diese Gaudi im Jahreslauf nicht fehlen, weshalb die Floße eigens für Vergnügungsfahrten in Wolfratshausen zusammengezimmert werden. Ein Faß Bier, Musikanten (aber mindestens ein Quetschenspieler sollte es sein) und eine möglichst fidele Gesellschaft gehen an Bord, die Flößer stoßen ab und dahin geht's über kleine Katarakte, durch eigene Floßgassen, vorbei am Georgenstein. Auch wenn es einmal Mann über Bord heißen sollte, ist das weiter nicht schlimm: hilfreiche Hände strecken sich als Retter entgegen und eine kleine Abkühlung ist gelegentlich sogar recht angenehm. An der Floßlände wird das Floß abgeschlagen und auf Tiefladern für die nächste Fahrt wieder nach Wolfratshausen gebracht.

Die Waakirchner stellen ihren Maibaum auf

Maitanz

Biergartenfreuden am Chinesischen Turm im Englischen Garten

Maiandacht an der Marienklause in München-Harlaching

Marienwallfahrt zur Schwarzen Madonna in Altötting

Andechs – Erquickung für Leib und Seele

Floßfahrten auf der Isar sind ein besonderes Sommervergnügen (Wolfratshausen)

Heuernte in Sammerei (Niederbayern)

*D*er Juni, im Bauernkalender als Heu- oder Grasmonat bezeichnet, bringt für die Landwirte die erste Erntearbeit des Jahres: das Grummet, das erste Heu wird eingebracht. Da die Vorräte zur Neige gegangen sind, hofft man sehnlichst darauf, das Futter trocken in die Scheune zu bringen. Gerade um diese Zeit regnet es aber noch recht häufig, und heftige Sommergewitter machen die ganze Mühe zunichte, wenn ein Platzregen die sorgsam aufgerichteten Heumanderln durchnäßt. So müssen halt die gesamte Bauersfamilie, das Hausgesind und vielleicht sogar die Nachbarn zusammenhelfen, um das duftende Heu unter den bereits aufziehenden Gewitterwolken noch trocken einzufahren. Da kann dann auf den wohlverdienten Feierabend oder auf Sonn- und Feiertage keine Rücksicht genommen werden . . .

Und der Juni ist reich an Festen und Bräuchen, die sich ein wahrer Bayer nur ungern entgehen läßt! Pfingsten wird gefeiert und dauert mit Speis und Trank, Sang und Klang immer noch seine drei Tage.

Am Pfingstsamstag wird in der Messe das Taufwasser geweiht. Dieses Wasser gehört, ähnlich wie das von Ostern, zu den ganz besonders wirksamen Weichbrunnen, wie sie eben nur selten im Jahr zu erlangen sind und zu vielerlei Segnungen gebraucht werden.

Der Pfingstsonntag wird in der engsten Familie begangen. Man geht gemeinsam zur feierlichen Messe, in der früher die Bibelstelle von der Herabsendung des Heiligen Geistes eine sinnfällige Darstellung erfuhr: aus dem sogenannten Heiliggeistloch im Gewölbe des Chorraumes wurde eine hölzerne Taube herabgelassen, manchmal flatterten auch tiefrote Pfingstrosenblätter oder brennende Wergflocken als „brennende Zungen" hernieder.

Am Pfingstmontag aber geht auf dem Land alles auswärts. Da wird das Gäuwagerl angespannt und die Gfreundschaft und Verwandtschaft der näheren Umgebung aufgesucht. Traditionelle Umzüge finden statt. Der berühmteste ist wohl der Kötztinger Pfingstritt. Die Reiter in der Oberpfälzer Tracht mit langen blauen Mänteln, schwarzen Hosen und Lederstiefeln, putzen ihre Pferde besonders schön heraus: über den Hälsen liegt eine dicke weißliche Wergmähne, in die Papierrosen, bunte Bänder und Buchszweigerl geflochten werden. Schwere Girlanden aus frischem Grün und Papierblumen lasten auf den breiten Hintern der Bauernrösser. Die Blasmusik zieht voran, Laternen schwanken auf langen Stangen über dem Zug, der Pfarrer – auch er hoch zu Roß – trägt das Allerheiligste. Auf einem festlich geschmückten Pferd sitzt der Pfingstbräutigam, ein vom Pfarrer erwählter, ausnehmend ehrsamer, junger Mann, der am Ende des Ritts mit einer besonders tugendhaften Jungfrau, die ebenfalls der Ortsgeistliche ausgesucht hat, symbolisch vermählt wird. Aber zunächst geht es in langer Prozession hinaus ins Zeller Tal zur Kirche von Steinbühl. In einer Schrift aus dem Jahre 1754 heißt es, daß dieser Ritt „seit unvordenklichen Zeiten sittlich und herkommens" sei, und daß er auf ein Gelöbnis zurückgehe, das einst ein Pfarrer ablegte, als er auf dem Rückweg von einem Versehgang nach Steinbühl von Räubern überfallen wurde, ihnen aber glücklich entkam.

St. Englmar, am Fuße des Pröller im Landkreis Straubing-Bogen, ist das höchstgelegene Kirchdorf des Bayerischen Waldes. Zwischen Totenbrettern am Kapellenberg steht eine steinerne Statue des Ortspatrons St. Englmar auf einem Sockel mit der Inschrift:

„Der heilige Vatter Englmar
für uns wöll bitten immerdar,
daß Gott vor Schaden uns bewahr
in schwerer Leibs- und Seeleng' fahr.
Aus Neid sein Mit-Gesell
erschlug ihn an der Stell.
Fragst wann, fromme Seel?
Tausend und hundert zähl!"

Daraus können wir entnehmen, daß der Hl. Englmar, vom Volk verehrt und um Fürsprache angefleht, im Jahre 1100 erschlagen wurde. Ob allerdings sein Mitbruder der Mörder war, wie die Inschrift behauptet, ist nicht sicher. Es könnte auch ein Knecht des Grafen von Bogen diese Bluttat auf sich geladen haben, der im Auftrag seines Herrn den frommen Einsiedler in seiner abgelegenen Waldklause mit Speis und Trank zu versorgen hatte. Die Legende berichtet jedenfalls, daß am Pfingstmontag des Jahres 1100 einem Geistlichen auf einem Versehgang ein heller Schein über dichtem Gebüsch auffiel. Er vermeinte Engelsgesang zu hören, ging näher und fand den unversehrten Leichnam des gottesfürchtigen Klausners. Bauern luden ihn auf einen Ochsenkarren und wollten ihn, wie der Befehl des Grafen von Bogen lautete, zum Friedhof auf dem Bogenberg bringen. Doch blieben die „wilden, ungebändigten Ochsen" plötzlich wie angenagelt stehen und rührten sich nicht mehr von

der Stelle. Das Volk sah darin ein Zeichen des Himmels und baute an dieser Stelle eine Kapelle – den Ursprung des Dorfes St. Englmar. Zum Gedenken an dieses Geschehen ziehen alljährlich am Pfingstmontag die Englmarer in malerischen, mittelalterlichen Kostümen aus, um ihren Ortspatron zu suchen. Der Graf von Bogen mit Gefolge, Mönche, Bauern und Holzknechte, sie alle gehen zum „Englmarisuchen" und führen dann die Holzfigur des Heiligen in feierlicher Prozession auf einem Ochsenkarren hinab zum Kirchplatz, wo der Pfarrer sie erwartet und alle segnet.

Ebenfalls im Bayerischen Wald ist der Brauch des Wasservogelsingens daheim und zwar in der Gegend von Freyung und Wolfstein. Eine Anzahl von Burschen zieht am Pfingstsonntag nach Einbruch der Dunkelheit in wasserfester Kleidung von Haus zu Haus. Sie singen Lob- aber vor allem Spottverse auf die Bewohner. Diese rächen sich, indem sie Kübel eiskalten Wassers auf die Spötter niedergießen. Teils als Schmerzensgeld, teils weil auch etwas Löbliches dem Gesang zu entnehmen war, erhalten sie von der Bäuerin frische Eier. Wenn die Burschen die ganze Umgebung abgesungen haben, treffen sie sich spät in der Nacht im Wirtshaus. Die Kleider werden getrocknet, dafür wird „naß g'futtert", wie man hierzulande sagt; für die Zeche nimmt der Wirt meist die zusammengetragenen Eier in Zahlung.

Am Pfingstsonntag jeden Jahres erfüllen die Bewohner des Dorfes Holzkirchen bei Vilshofen ein Gelübde, das ihre Vorfahren gegen Ende des 15. Jahrhunderts abgelegt hatten: damals verwüstete eine Borkenkäferplage ihre Wälder, und nachdem sich die Holzkirchner zur Lieben Frau vom Bogenberg verlobt hatten, wurde das harte Los von ihnen genommen. So opfert die Gemeinde jedes Jahr zum angegebenen Zeitpunkt eine 13 Meter lange und etwa ein Zentner schwere „Kerze". Sie besteht aus einem Holzkern, der mit einem roten Wachsstock umzogen ist. Die Pilger tragen die „lange Stang'" umgelegt in einer Fußwallfahrt von eineinhalb Tagen rund 75 Kilometer weit. Am Pfingstsonntag mittags erreichen sie dann den Fuß des Bogenberges, wo die Kerze nach kurzer Rast aufgerichtet und stehend von den stärksten Männern und Burschen der Pfarrei, die sich als Einzelträger abwechseln, auf den Berg getragen wird. Nach alter Überlieferung balancieren sie erst die schwere Stang' um die Kirche, um sie dann Maria zu opfern. Und wehe, wenn sie umfällt. Das bedeutet Krieg, so wie 1914 und 1939, als die Burschen die Kerze nicht mehr halten konnten.

In Berchtesgaden feiern an Pfingsten die Bergknappen in malerischen weiß-blauen Uniformen ihr Bergfest. Die Feierlichkeiten beginnen am Sonntagabend mit einem Fackelzug durch den Ort. Am Pfingstmontag um 6.00 Uhr bläst die Knappschaftskapelle einen Weckruf, und die Bergknappen sammeln sich vor dem Salzbergwerk. Dort stellen sie sich in strenger Reihenfolge nach den Dienstgraden auf, der dienstälteste Knappe hat die Ehre, das Bergmanndl, eine kleine Bergmannsfigur, tragen zu dürfen. Schneidig, wie es sich für die Träger solch schmucker Uniformen gehört, ziehen sie zur Messe in die Stiftskirche. Abends treffen sich die Bergleute mit ihren Frauen zum Tanz, wobei sorgsam darauf geachtet wird, daß keine Frem-

den daran teilnehmen, so wie es in früherer Zeit die Zunftordnung vorgeschrieben hat.

Für gewöhnlich fällt in den Juni auch Fronleichnam, das Fest der Eucharistie. Seit der Gegenreformation wird der Gedenktag an die Einsetzung des Altarsakraments im Jahre 1264 mit prächtigen Prozessionen begangen, die ecclesia triumphans, der Triumph der katholischen Kirche findet sinnfälligen Ausdruck. Auch heute spricht man in Bayern noch vom Prangertag: die Häuserfassaden, die den Weg des Umgangs säumen, prangen im Schmuck des frischen Birkengrüns, der roten goldbelitzten Tücher und der wehenden weiß-gelben Kirchenfahnen. Nichts ist barocker Sinnenlust zuviel, wenn es gilt, zur Glorie der Kirche Pracht zu entfalten: weißgekleidete Erstkommunikantinnen streuen emsig duftende Pfingstrosenblätter vor dem Geistlichen, der in großem Ornat unter brokatenem Himmel das Allerheiligste trägt. Vor ihm schwenken Ministranten eifrig das Weihrauchfaß, die Honoratioren der Gemeinde schreiten würdig hinter dem Baldachin. Blumenumwundene Heiligenfiguren aus den Kirchen werden mitgetragen. Trachtenvereine, Schützenkompanien, die Feuerwehr mit blanken Helmen, der Veteranenverein und nicht zuletzt Bürger und Bürgerinnen der Gemeinde – alle schließen sich der Prozession an. Der blumenübersäte Weg führt von Altar zu Altar. Zwischen duftenden Blumenbuschen stehen Heiligenbilder auf weißen Spitzendecken, Birkenbäumchen und Laubgewinde bilden den Hintergrund. Der Zug hält an, der Priester tritt mit dem Allerheiligsten an den Altar und singt das Evangelium, auf das der Kirchenchor antwortet. Die Ministranten

klingeln, die Menge sinkt zum Segen ehrfurchts-
voll auf die Knie. Daß aber auch bei kirchlichen
Bräuchen der „Spaß an der Freud" nicht zu kurz
kommen darf, beweist das bekannte Münchner
Umgangslied (entstanden um 1900):

„Schön is mit'm Umgang gehn,
Umgang gehn, Umgang gehn,
Wenn das Wetter is recht schön –
Mit dem Umgang gehn.
Z'erst kommt oaner ganga,
A recht a langa, tragt d' Fahnastanga,
Derweil is grad a Winderl ganga,
Die Fahn, des Riesentrumm,
Die reißt'n um . . .

Veterana, Feuerwehr,
Militär und noch mehr,
Kommen strammen Schritts daher
Mit und ohne Gwehr . . .

Und dann kommt der Prinzregent,
Prinzregent, Prinzregent,
Mit der Kerz'n in de Händ,
Die scho nimma brennt . . ."

Fronleichnamsprozessionen werden in fast jeder Pfarrei abgehalten, hier bescheidener, dort
prachtvoller. Besonders eindrucksvoll aber ist
die Seeprozession am Staffelsee: alle Teilnehmer steigen mit Traghimmel, Fahnen, Blasmusik in Seehausen in geschmückte Kähne und setzen über den See.

Auf eine recht außergewöhnliche Art be-
geht man Fronleichnam im österreichischen
Oberndorf und im bayrischen Laufen. Heinrich
Gentner hat uns den Brauch des „Himmelbrot-
schutzens" in der Mitte des letzten Jahrhunderts

recht anschaulich geschildert: „Besonders feierlich wird alljährlich das Fronleichnamsfest begangen und findet unter der Proceßion in beiden
Pfarreien das sogenannte Himmelbrotwerfen,
eine originelle, aber sinnreiche Ceremonie statt.
Nach dem am Salzachufer abgehaltenen Hl.
Evangelium fährt eine Zille vorbei, in welcher
vier in Landesfarben gekleidete Knaben stehen,
welche ein gesticktes weißes Tuch an den vier
Enden halten, worauf einige große Hostien liegen. In dem Augenblicke, da der Segen gegeben
wird, kommen sie beim hochwürdigsten Gute
an, und schutzen die Hostien ins Wasser, zum
Sinnbilde, daß das heiligste Sacrament den Fluß
und die Schiffahrt segnen möge. Am Fronleich-
nams-Sonntage findet zur Schlußfeier in der
Regel die ‚Herunterfahrt' statt. Diese besteht
darin, daß 12–15 Zillen, mit Musik voran, von
Obslaufen herab um die Stadt herum durch die
Brücke bis zum untern Altachufer langsam fahren, welche mit Schiffermilitär besetzt sind, das
unermüdet die kräftigsten Schüsse abgibt." Das
geschieht noch heute so: der österreichische
Geistliche hebt in der Mitte der Brücke, also di-
rekt an der bayrisch-österreichischen Grenze,
das Allerheiligste, die Schifferschützen feuern
Böllerschüsse und Gewehrsalven ab, während
die nicht konsekrierten Hostien in die Salzach
geschutzt werden.

Bayerns populärster König, der schönste,
edelste, königlichste, gütigste von allen – der
Märchenkönig schlechthin – war und ist König
Ludwig II. Noch heute ist sein Tod ungeklärt.
Sicher ist nur, daß der an Paranoia Erkrankte
unter der Aufsicht des Königlichen Obermedizi-
nalrates Professor Gudden von Neuschwanstein

nach Schloß Berg verbracht worden war und dort unter Verschluß gehalten wurde. In der Nacht vom 13. auf den 14. Juni 1886 fand man seine und Guddens Leiche im Wasser, nachdem beide von einem Spaziergang im Park nicht zurückgekehrt waren. Die Historiker werden sich noch lange streiten, das Volk aber weiß längst, was sich zugetragen hat:

„. . . Allzufrüh mußt' er von dannen,
Man nahm ihn fort mit der Gewalt,
Gleich wie Barbarn hams dich behandelt,
Und fortgeführt durch den Wald.
Mit Bandarsch und Kloriformen
Traten sie behendig auf.
Und dein Schloß mußt du verlassen
Und kommst nimmermehr hinauf.
Nach Schloß Berg hams dich gefahren
In der letzten Lebensnacht
Da wurdest du zum Tod verurteilt
Noch in derselben grauen Nacht.
Und gemeine Meuchelmörder,
Deren Namen man nicht kennt,
Ham ihn in den See hineingesteßen,
Indem sie ihn von hinten angerennt.
Lebe wohl, du guter König . . ."

In steter Erinnerung an diese Tragödie findet alljährlich am 13. Juni, dem Todestag des Königs, bei der neuromanischen Votivkapelle im Schloßpark zu Berg an der mutmaßlichen Todesstelle eine Gedenkfeier statt, die Günther Kapfhammer wie folgt beschreibt: „. . . es wird eine Messe gelesen, an der Vertreter des Hauses Wittelsbach, politische Prominenz, zahlreiche Trachtenvereine und Abordnungen der ehemals königlichen Regimenter teilnehmen. Höhepunkt der Feier ist meist der Kronentanz des ‚Gebirgstrachtenerhaltungsvereins König Ludwig II. – Schloß Berg – Stamm'. Die Tänzer tragen einen Stab mit sich, auf dessen Spitze eine Seerose montiert ist. Am Schluß des Tanzes wird, während das König-Ludwig-Lied von einem Bläser gespielt wird, die Seerose mit einem Zugmechanismus geöffnet und die Büste des Königs in Generaluniform erscheint . . ."

Pfingstritt in Kötzting

Englmarisuchen am Pfingstmontag in St. Englmar (Bayerischer Wald)

Wasservogelsingen in Zwiesel (Bayerischer Wald)

Bergknappenjahrtag in Berchtesgaden am Pfingstmontag

Fronleichnamsprozession auf dem Staffelsee

Siegsdorfer Trachtenwallfahrt an Fronleichnam nach Maria Eck

Wallfahrt mit der Langen Stang' auf den Bogenberg

Fronleichnam in Laufen an der Salzach: Das Himmelbrotschutzen

König-Ludwig-Fest der Vereinigung „König Ludwig – Deine Treuen"
in Berg am Starnberger See, am 13. Juni, dem Todestag des Königs

Weiß-Blau
Bayernlied
nach Horst Haubner

Man hört erzählen in allen Orten, von unserm schönen Bayernland,
Die Farbe weiß-blau unsrer Krieger, wird aus dem Heere ganz verbannt;
Wenn man uns nimmt die blaue Farbe, so wird doch ewig fortbesteh'n
das schöne weiß-blau unsrer Berge und unsrer himmelblauen Seen . . .

S'war unser Ludwig, Bayerns Zierde, gewiß ein König Zoll für Zoll,
Begabt mit edler Herrscherwürde, sein Lob aus jedem Mund erscholl;
Doch eines ist uns unvergeßlich, d'rum sei es hier im Lied erwähnt,
Die stolzen himmelblauen Augen, die jeder Wittelsbacher kennt.

Doch leider fing er an zu meiden, sein Volk, das ihn so sehr geliebt,
Zu früh mußt' er vom Leben scheiden, ganz Bayern war darob betrübt;
Inmitten seiner schönen Berge, sagt' er dem Leben selbst „Ade"
und suchte Frieden und Vergessen, in Starnbergs schönem blauen See.

In längst vergang'nen, schweren Zeiten, bei Sendlings Friedhof, wie bekannt,
Sah man die Oberländer streiten für Freiheit – Ehr und Vaterland;
Doch leider war der Kampf vergebens, sie sanken hin zu ew'ger Ruh',
Die Fahne weiß-blau deckt als Bahrtuch den lieben Oberländer zu.

JULI

Fischer vor Kloster Seeon

ie heißen Tage des Juli und sein allgemein heiteres Wetter locken viele Sommerfrischler an die zahlreichen bayrischen Seen. Badegäste säumen die Uferwiesen, und Fischer suchen sich ein stilles Plätzchen im Schilf, um sich ganz der „Freud' am Wasser" hinzugeben. Aber auch die Kultur hat Hochsaison: im ganzen Land finden in den Monaten Juli und August Fest- und Freilichtspiele statt.

Alljährlich bringen die Waldmünchner eine Episode aus dem Österreichischen Erbfolgekrieg (1741–1745) auf ihre eindrucksvolle Freilichtbühne. Sie erzählen, wie der Freischärler Franz Seraph Freiherr von der Trenck mit seiner verwegenen Soldateska Waldmünchen bedrohte. Von der Trenck hatte von seiner Kaiserin Maria Theresia 1742 die Erlaubnis erhalten, auf eigene Kosten ein Freicorps von 2500 Panduren (ehemals bewaffneten Leibwächtern ungarischer Magnaten) und 150 Husaren zusammenzustellen. Gleichzeitig erhielt der Schrecken Bayerns für alle Räuber, die bei ihm Dienst nahmen, Generalpardon von Maria-Theresia. Dementsprechend grausam waren auch die Taten des wilden Haufens. Sie trieben es so arg, daß gar der Feldmarschall Graf Khevenhüller an den kaiserlichen Hof nach Wien remonstrierte: „Die Panduren, diese Unmenschen, üben Mordbrennerei aus Lust. Unschuldige werden an den Stadttoren oder Bäumen aufgehängt, Kirchen und heilige Gefäße geplündert und schimpflich verunreinigt, den Bauern der bayrischen Landfahnen Nasen und Ohren abgeschnitten, ehrbaren Weibern und Mädchen auf dem Rücken ihrer gebundenen Männer und Väter Gewalt angetan, Kinder gespießt, in die Flammen geschleudert,

den Hunden vorgeworfen ...". Als die Panduren am 15. September 1742 vor den Toren Waldmünchens auftauchten, war ihnen zudem noch die Schreckenskunde von der Verwüstung und Brandschatzung Chams vorausgeeilt. So verlegten sich die Waldmünchner aufs Verhandeln – und das Wunder geschah: Trenck gab sich mit einem Lösegeld von 50 Speziesdukaten zufrieden und zog sich auf böhmisches Gebiet zurück. Der Dichter Karl Jentsch, den die Waldmünchner mit der Dramatisierung dieser Ereignisse beauftragt hatten, erklärt diesen Sinneswandel durch den mäßigenden Einfluß des milden, liebreizenden Schwabenkatherls, einer Chamerin, die dem wilden Trenck nicht mehr von der Seite wich. Nicht, weil sie ihm in Liebe verfallen war. Nein, weil sie vom Himmel den Auftrag erhalten hatte, den Erzbösewicht zu ehrsamem Lebenswandel zu bekehren!

Historie hin, Geschichte her – die Waldmünchner spielen seit 1950 begeistert das Stück um die Errettung ihrer Heimat, sprengen als Panduren mit feurigen Rossen auf die Bühne, verhandeln als Magistrat, schlüpfen in die Rollen von Bürgern und Bürgerinnen, von Offizieren, Stadtschreibern, und natürlich in die des herrischen Trenck und des liebreichen Schwabenkatherls.

Straubing erinnert in den beiden Sommermonaten ebenfalls an historisches Geschehen, das sich in seinen Mauern zugetragen hat. Alle vier Jahre errichten sie im Hof des alten Herzogsschlosses eine Festbühne, und Laienspieler stellen die Tragödie der schönen Augsburger Baderstochter Agnes Bernauer dar, deren traurige Lebensgeschichte im Volk über

Jahrhunderte hinweg lebendig geblieben ist. Albrecht, der Sohn des Herzogs Ernst von Bayern-München, hatte Agnes in einer Badstube als Magd kennengelernt, verliebte sich unsterblich in sie und geriet so in einen unlösbaren Konflikt zwischen Staatsräson und Neigung. Sein Vater, der durch die Mesalliance die Erbfolge gefährdet sah, versuchte vergeblich, die Liebenden zu trennen. Albrecht aber blieb standhaft, heiratete seine Agnes heimlich und brachte sie zum Honigmond auf sein Schloß nach Straubing. Politische Erwägungen ließen Herzog Ernst zu schneller Tat schreiten: eine Jagdeinladung des Landshuter Vetters an Albrecht beraubte die Bernauerin all ihres Schutzes; sie wurde der Zauberei bezichtigt, in kurzem Prozeß zur Hexe gestempelt und zum Tod durch Ertrinken verurteilt. Am selben Tag noch konnte ein Bote Herzog Ernst vermelden: „daß man die Bernauerin gen Himmel gefertiget habe". Als Albrecht erfuhr, daß seine Frau von Henkershand ertränkt worden war, raste er vor Wut und Trauer. Herzog Ernst aber plagte nun die Reue so, daß er auf dem Straubinger Petersfriedhof eine Gedächtniskapelle für die „ehrsame und ehrbare Frau Agnes die Bernauerin" errichten ließ. Ob ihn diese Sühnegabe mit dem Himmel versöhnte, wissen wir nicht, seinen Sohn aber gewann er damit wieder zurück. Albrecht fügte sich dem Vater und verehelichte sich bald darauf im Sinne der Staatsräson und zum Besten des Hauses Wittelsbach. Der Bernauer-Stoff beschäftigte Dichter wie Otto Ludwig, Martin Greif und F. Hebbel. Carl Orff komponierte eine Oper; in Straubing spielt man seit 1935 eine überarbeitete Fassung des Dramas von E. Hubrich.

Das größte historische Fest Deutschlands aber feiern alle drei Jahre die Landshuter. Das mittelalterliche Straßenbild ihrer malerischen Altstadt gibt die prächtige Kulisse, wenn Landshuter Bürger die Fürstenhochzeit von 1475 nachspielen. Da es sich dabei um das bedeutendste Fest des ausgehenden Mittelalters handelt, gibt es auch noch Berichte von Augenzeugen. So liest man im „Adelsspîgel" (zitiert aus: Gräffer, Historische Raritäten, 1819): „Als Herzog Georg zu Landshut, mit Hedwig, einer polnischen Prinzessin, sein glänzendes Beylager hielt, waren auch der Kaiser Friedrich III. und sein Sohn Maximilian gegenwärtig. Dabey erschienen ferner 16 Fürsten mit ihren Gemahlinnen, 40 alte Reichsgrafen, 3 Erzbischöfe und viele Gesandte. Die Menge der Wagen kann man aus der Zahl der Pferde entnehmen, deren 9360 beysammen waren. Während der acht Tage, als diese Fayerlichkeit währte, wurden verzehrt: 300 ungarische Ochsen, 62000 Hühner, 5000 Gänse, 75000 Krebse, 75 wilde Schweine, 162 Hirsche, 1772 Scheffel Haber, 170 Fässer Landshuter Wein und 270 Fässer ausländischer. Alles das hat gekostet Siebenzig Tausend, sieben hundert und sechszig Ducaten!!"

Herzog Georg konnte sich das leisten – er hatte sicher nicht umsonst den Beinamen „Der Reiche". Obwohl heute die Landshuter Hochzeit wesentlich bescheidener nachgespielt wird, ist es doch noch immer sehr eindrucksvoll, wenn der Festzug mit 1200–1500 Mitwirkenden in stilechten mittelalterlichen Trachten durch die schöne Stadt zieht. Fahnenschwinger, Gaukler, Ritter, Hofmusikanten mit alten Instrumenten, Marketenderinnen versetzen den Betrachter

500 Jahre zurück. Im Rathausprunksaal wird ein Tanzspiel veranstaltet, auf dem Turnierplatz treiben sich Landsknechte herum – kurz gesagt: die Landshuter Hochzeit ist ein Fest für Mitwirkende, Gastgeber und Besucher.

Eines weitaus volkstümlicheren Geschehens erinnern sich die Regener, wenn sie am letzten Juliwochenende ihr fünftägiges Pichelsteinerfest feiern. Das Rezept dieses köstlichen Eintopfes ist nämlich einer Verlegenheit der Tafernwirtin Auguste Winkler zu verdanken. In ihrer Wirtschaft am Fuße des Bichlsteines im Lallinger Winkl erschienen am Bennotag des Jahres 1839 Ausflügler aus Grafenau, die gerne etwas Kräftiges für ihre Bergwanderung mitnehmen wollten. Die Wirtin, auf diesen Ansturm keineswegs vorbereitet, suchte nun alles zusammen, was sie noch im Hause hatte: Reste von Schweine-, Kalb- und Ochsenfleisch, gelbe Rüben, Porree, Kartoffeln, Zwiebeln. Auguste Winkler schnitt alles in mundgerechte Brocken, warf es in einen großen Topf, goß mit etwas Brühe auf, würzte kräftig mit Salz, Pfeffer und Majoran, und ließ es schön gar köcheln – ohne umzurühren. Die Ausflugsgäste nahmen dankbar ihren Henkelmann in Empfang. Am Gipfel des Bichlsteines wärmten sie den Eintopf nochmals auf – und siehe da – die Reste der Tafernwirtin schmeckten gar köstlich! Unter dem Namen „Pichlsteiner" oder auch „Bicklstoaner" wurde das Rezept allseits bekannt und die Regener beanspruchten es gar als Namensgeber für ihr Heimatfest. In zwei Festzelten setzt man sich zum Pichelsteineressen zusammen, im großen Kessel trägt es der Koch unter feierlichem Baldachin im Festzug mit. Romantische Lampionfahrten auf dem Regen, Feuerwerk, Karussells tragen dazu bei, daß die zahlreichen Fremden, die mitfeiern, nie mehr den Eintopf namens Pichelsteiner vergessen.

Auf der Waldmünchner Freilichtbühne: Trenck der Pandur

Agnes-Bernauer-Festspiele in Straubing

Pichelsteinerfest in Regen (Oberpfalz)

83   Gebirgsschützen-Kompanie in Benediktbeuren (Oberbayern)

Die Landshuter Fürstenhochzeit

Plättenfahrt auf der Salzach vor Burghausen

Bei uns auf der Salzach
Aus dem Prolog
bei der Eröffnung
der Laufener Winter-
schauspiele (um 1850)

Bei uns auf der Salza
Bis abö zon Inn,
Da fahrt ma mit Plätt'n,
Man is damit z'friedn.

Dö san wia dö Schachtl'n,
Und wern nöt tiaf g'senkt,
Man hat für dö Zuakunft,
Aufs Dampfschiff schon denkt.

Dö Plätt'n, dö san nur
Aus Brettan zsammg'schlagn,
Damit s'nur dö Salz –
und dö Gipsfaßln tragn.

Vier Ruada und höchstens
A fünft's no dazua,
Dös ist für an unsarign
Schiffmann schon gnua.

Nach Salzburg, nach Passau,
Nach Linz und nach Wean,
Vaführn ma dö Plätt'n,
Da gibts was z'vadean.

In Fruahling, in Summer,
In Hörbst hinein,
Da stöllt uns da Winter
Den Broterwerb ein.

Mir lass'n in Winter
Dös Schiffahrn gern sein,
Und learnan mit Müah
A Komödiestück ein.

Das is zwar nix leich's nöt,
Is a kitzlichö Sach,
Mir sand koanö Künstla,
Grad Schiffer von Fach.

Do wia's mit dö Schiff geht,
so geht's mit dö Leut':
Dar oan is wiar a Holzstock,
Dar ander recht g'scheit.

Und d'Künstler san ang'segn
Und geb'n sö an Nam,
Vasteht sö, wanns kinnan,
Und im Kopf eppas hab'n.

Do mir san grad Schiffer
und leidaten Not,
Gab'n uns nöt dö Bretta
Hiaz's tägliche Brot.

Kornernte im Gäuboden

*D*er arbeitsreichste Monat für die Bauernschaft ist der August, die Zeit der Kornernte. Besonders im Gäuboden, der Kornkammer Bayerns, herrscht emsige Betriebsamkeit. Die Stadt Straubing ist der Mittelpunkt dieses reichen Landstrichs mit seinem gesegneten Lößboden; und dort findet auch das nach dem Münchner Oktoberfest zweitgrößte Volksfest Bayerns statt, das Gäubodenfest, auf dem sich vor allem die Bauern nach getaner Erntearbeit verlustieren.

Auch in München wird Anfang August ein Volksfest abgehalten, und zwar die ehrwürdige Jacobidult, ein Jahrmarkt, der dem Kirchenfest zu Ehren des Hl. Jakob schon seit 1257 angegliedert wird. Im Gegensatz zum Gäubodenfest wird hier nur ein kleines Bierzelt aufgeschlagen, auch die wenigen Fahrgeschäfte sind nicht das Wichtigste; Hauptsache sind die zahlreichen Marktstände, an denen Geschirr, Töpferwaren, Flecken- und Wunderheilmittel, Gurkenhobel, Patentdampftöpfe und vieles mehr angeboten wird. In Holzbuden haben Antiquitätenhändler für die Dauer der Dult eine Dependance ihrer Geschäfte errichtet. Es gibt fast nichts, was hier nicht zu erstehen wäre und in früheren Jahrzehnten soll manchem Kenner auf der Auer Dult ein herrlicher Gelegenheitskauf geglückt sein; damit kann man heute freilich nur mehr schwerlich rechnen.

Außer der Jacobidult, die meist am Samstag nach dem 25. Juli, dem Jakobitag, beginnt, gibt es noch zweimal im Jahr eine Dult am Mariahilfplatz in der Au. Diese Jahrmärkte finden Ende April/Anfang Mai und in der letzten Oktoberwoche statt.

Die Festspielzeit ist noch in vollem Gange und landauf landab strömt erwartungsvolles Publikum zu den Veranstaltungen. Während in München im lange zuvor ausverkauften Nationaltheater Galavorstellungen mit Starbesetzungen gegeben werden, zieht es anderswo Musikbegeisterte in Kirchen- oder Schloßkonzerte: der festliche Sommer in der Wies, Nymphenburger Sommerkonzerte, Kammermusikabende auf Schloß Amerang, Schäftlarner Klosterkonzerte, Musikabende im Spiegelsaal auf Herrenchiemsee mit Kerzenillumination – die Aufzählung ließe sich noch beliebig fortsetzen: das alte Kulturland Bayern hat viel zu bieten. Etwas ganz Besonderes aber kann man in Kiefersfelden erleben: nämlich die Ritterspiele. Eine Szene aus dem Ritterdrama „Elfira und Almansor oder vom Sklaven zum Thron", mag vielleicht etwas vom Lokalkolorit wiedergeben:

Taifares:
Holde Elfira, verzeih', daß ich die Frechheit nehme, unangemeldet hier zu erscheinen. – Es zwang mich deine reizende Liebe, auch hoffe ich, nicht gedeischt zu sein.
Elfira:
Zurück, Frevler, es rollen deine Blicke vermessen umher!
Taifares:
Nur nicht so spröde! Hier vor deine Füße liegt ein Herz, welches mit Liebesflammen gegen dich entzündet.

Der Satansbraten Taifares wird seinem Beinamen „Witender Diger" und „Stolzverruckter Diran" vollends gerecht, als er merkt, daß die tugendhafte Elfira standhaft bleibt:

Taifares:

Elfira, bedenke, wer ich bin, du weißt, daß ich dich als Totschlägerin ausgeben und bestrafen kann. Du bist eine Mörderin, das Todesurteil wird über dich gefällt. Doch nein, in mein Herz fand Liebe und Gnade, wann du mir Herz und Hand darbietest – nur ich kann dich retten.

Elfira:

Schweige! Kein Wort will ich von deiner Lasterzunge hören. Du bist ein Bösewicht, den der Erdboden verschlingen soll – du bist der Mörder über Vater und Bruder! Hinweg aus meinem Angesicht, du vergiftest meine Ehre!

Taifares:

Ha, lauf nur zu, du wirst mir doch nicht entgehen, ich werd gewiß einen Vorteil ergründen, wo du von eim Tiger zu eim Lamm zurückkehrest.

Mit diesem trefflichen Werk wurde der Autor so berühmt, daß er weitere Dramen bisweilen als „Verfasser von ‚Elfira und Almansor'" veröffentlichte. Sein richtiger Name ist Josef Schmalz (1793–1845), er war ein Köhler aus dem Zillertal. Mit Stücken, wie „Vallentinus und Ursinus, die zwei Zwillingbrüder oder das Diamantenkreuz, ein großes heroisches griechisches Schauspiel in fünf Aufzügen mit Arien und Chören" errang er sich den Ehrentitel „Bauernshakespeare von Kiefersfelden". Und Shakespeare oder Schiller waren ihm keine Unbekannten: Josef Schmalz hat unbekümmert besonders dramatische Stellen aus Tragödien dieser beiden Dichter wörtlich zitiert. Auch sonst bevorzugt er das große Genre: Schauplätze sind der byzantinische Kaiserhof, heroische griechische Landschaften, dunkle, modernde Burgverliese. Allenthalben regiert die Macht des Zufalls, bis die Tragik ihren Höhepunkt erreicht hat: das Böse ist am Siegen, das Gute scheint zu unterliegen – da – wieder irgendein Zufall und am Schluß siegen doch immer Ehre, Treue, Liebe ... Die Hauptrollen sind in der großen Welt angesiedelt und Josef Schmalz zeigt drastisch, daß auch die Crème dieser Welt nicht von Schicksalsschlägen verschont bleibt, daß auch sie den Gesetzen von Laster und Tugend unterliegt.

Teuflische Bösewichte morden meuchlings, hinterrücks, mit List, Dolch, Gift, der Zufall triumphiert, indem kleine Erben oder Kronprinzen von wilden Tieren geraubt werden und verwildern wie weiland Kaspar Hauser, das Schicksal wirft seine Schatten in unheimlichen Ahnungen oder Alpträumen voraus – kurz Josef Schmalz läßt keinen Kunstgriff des Melodramas aus, um dem Zuschauer aber auch jede Hoffnung auf Errettung der „Gutewichte" zu rauben. Doch man kann getrost sein: als Deus ex machina erscheint ein verschollener, längst totgeglaubter, entführter oder nur vorübergehend scheintoter Vater, Bruder, Vetter, Verlobter, sie rächen die bösen Taten, retten die Unschuldigen und bringen alles zum glücklichen Ende. Die Laienspieler sind mit rührendem Ernst bei der Sache. Gespielt wird in der 1833 erbauten „Comedihütte" am Buchberg auf einer barocken Guckkastenbühne.

Hoch geht es in der Grenzstadt Furth im Wald her, wenn zwischen dem zweiten und dritten Sonntag im August der „Further Drachenstich" auf dem Stadtplatz als ältestes deutsches Volksschauspiel aufgeführt wird. Hintergrund des Spiels ist die Georgslegende: Ein feuerspeiender, widerwärtiger Drache bedroht das edle, schöne, tugendsame und schutzlose Ritterfräulein. Um ihre Getreuen zu retten, ist sie schon bereit, sich dem „Drack" in den Rachen zu werfen – da naht im letzten Augenblick der brave Fahnenträger Udo, den die Edeldame, welch ein Zufall, auch noch liebt. Damit der Knappe in Stand gesetzt wird, für seine Dame eine Âventiure zu bestehen, schlägt ihn der Kardinal noch geschwind zum Ritter. Endlich kann er mit dem Drachen kämpfen, besiegt die giftige Bestie unter dem Jubel des Volkes und tritt mit dem edlen Ritterfräulein vor den Altar und in den heiligen Stand der Ehe. Der mehr als 500 Jahre alte „Drachenstich" war früher Teil der alljährlichen Fronleichnamsprozession. Das heutige Spiel schrieb 1952 der bayrische Dichter Joseph Martin Bauer.

Historische Spiele, komisches aber auch ernsthaftes Literaturtheater, musikalische Genüsse – der bayrische Sommer hält in der Tat zahlreiche und verschiedenste Vergnügungen bereit! Auch die örtlichen Trachtenvereine sind um die Unterhaltung ihrer Gäste bemüht und führen im Sonntagsg'wand ihre traditionellen Tänze vor. Burschenüberschwang dominiert beim Schuhplattler, zierliche, exakte Figuren verlangt der Reigen des Bandltanzes. Alle fünf Jahre am Sonntag vor Mariä Himmelfahrt zeigen die Starnberger Fischer ihren alten Zunfttanz, bei dem sowohl die malerischen alten, als auch die einfachen, erneuerten Trachten zu sehen sind.

Die katholische Kirche feiert ihren höchsten Festtag im August am 15. des Monats: Mariä Himmelfahrt. An diesem Tag beginnt der „Frauendreißiger", der bis zum 13. September dauert. In dieser Zeit ist die Natur dem Menschen ganz besonders wohl gesonnen. Der Segen Mariens liegt auf allen Heilkräutern, und deshalb sind sie auch in hohem Maße wirksam. Die Bäuerinnen sammeln für den Himmelfahrtstag dicke Kräuterbuschen, die manche Heil- und Würzkräuter obligatorisch enthalten müssen. Dazu gehören auf jeden Fall Salbei, der gegen den „Hepp", den Keuchhusten hilft, Frauenkunerln (Feldthymian), der „Himmelvater- oder Herrgottsbart" (Mauerpfeffer), Nußlaub, Widertmoos, Seifenkraut, Königskerze, rote Schafgarbe, Huflattichblätter, gelber Enzian, Pfefferminze, Wacholder und vieles mehr. In die Mitte hinein wird eine schwarze Wetterkerze gesteckt, der „Mooskolben", wie er in Niederbayern heißt. Der Pfarrer segnet den Buschen, daheim hängt man ihn auf und läßt ihn trocknen. Wenn nun ein Familienmitglied erkrankt, zupft man vom entsprechenden Heilkraut etwas ab und fügt es dem Tee bei. Außerdem bietet der Strauß fortan das Jahr über Schutz vor Feuer, Blitzschlag und anderen Unbilden.

Am Sonntag nach Himmelfahrt lohnt sich eine Fahrt nach Vilgertshofen. An diesem Tag lockt nicht nur die originale barocke Wallfahrtskirche, die Johann Schmuzer errichtet und Johann Baptist Zimmermann ausgemalt hat, sondern vor allem die „Vilgertshofener Bruderschaft von der Schmerzhaften Muttergottes", die in „Stummer Prozession" durch den Ort und über die umliegenden Wiesen zieht. In Mittelalter und Barock waren solche bildhaften Darstellungen der Heilsgeschichte weitverbreitet, wir kennen in unseren Tagen im bayrischen Raum nur noch den Vilgertshofener Umzug. Männer, Frauen und Kinder schlüpfen in die Gewänder biblischer Gestalten und stellen Szenen aus dem Alten und Neuen Testament dar. Die Rollen werden traditionell von einzelnen Familien übernommen und in diesen weiter an die jüngere Generation vererbt. Eine Blasmusik schreitet voran und intoniert ernste Weisen. König David schlägt die Harfe, die blonden Haare der Büßerin Magdalena flattern im Wind, Jesus schleppt sein Kreuz, neben ihm gehen Kinder mit den Leidenswerkzeugen, Veronika trägt das Schweißtuch mit dem Antlitz des Herrn, Pilatus wäscht seine Hände, Moses zeigt die Gesetzestafeln – etwa 120 Teilnehmer wandern stumm ihren Weg und drücken in Mimik und Gebärde die Rolle aus, die sie übernommen haben. Die Vilgertshofener Bruderschaft gibt es seit 1708. Die Prozession hat allerdings 1874 eine grundlegende Erneuerung nach Oberammergauer Vorbild hinsichtlich der Kostüme und der Darstellung erfahren.

Ein schwerer Schlag hat die kleine Gemeinde Alm im Pinzgau getroffen, als am 24. August 1688 sechzig ihrer Einwohner bei einer Wallfahrt nach St. Bartholomä im Königssee ertranken. Sie hatten den beschwerlichen Weg auf sich genommen, um ein Gelübde zu erfüllen, das sie einst aus Pestgefahr befreite. Sie waren schon auf dem Rückweg, als ihr Boot an der Falkensteinerwand zerbarst und sie in den Tiefen des Königssees versanken.

Zum Gedenken und um auch ihrerseits das Gelübde der Vorfahren zu erfüllen, ziehen alljährlich die Pinzgauer am Samstag nach dem 24. August, dem Bartholomäustag, übers Gebirge zum Königssee. Eine Musikkapelle führt sie an und begleitet ihre frommen Lieder.

Jacobidult in der Au

Bandltanz in Anger (Oberbayern)

Kräuterweihe auf Frauenchiemsee am Fest Mariä Himmelfahrt

Starnberger Fischertanz

Wallfahrt der Pinzgauer über das Steinerne Meer nach St. Bartholomä

Der Drachenstich zu Furth im Wald

Stumme Prozession in Vilgertshofen

SEPTEMBER

Apfelernte in Leutstetten (Oberbayern)

September, der Früchtemonat, der römische Fructidor, bringt – hoffentlich – eine reiche Obsternte. Heute im Zeitalter der Europäischen Gemeinschaft, der Tiefkühl- und Konservenkost und einer allgemeinen Geschmacksnivellierung hat die Obsternte im Bayrischen natürlich an Bedeutung verloren. Bisweilen verfaulen die Früchte sogar am Baum, weil ihr Wert das Pflücken nicht verlohnt. Früher aber wurden besonders schöne Äpfel sorgfältig auf Obstlegen für den Winter aufbewahrt, die Hausfrauen konservierten Obst in Einweckgläsern und kochten Marmelade ein. Unsere schnelllebige Zeit, eine gewisse Übersättigung, aber auch zunehmende Aufklärung über Wert und Geschmack von ungespritztem Obst lassen hoffen, daß auch die einheimischen Birnen, Äpfel, Zwetschgen wieder zu höheren Ehren kommen und nach alten Rezepten verarbeitet werden.

Stellvertretend für die verschiedenen Wallfahrten, die auch im September abgehalten werden, möchte ich von der Trachtenwallfahrt des Lechgauverbandes der Heimat- und Trachtenvereine auf den Hohenpeißenberg erzählen. Männer, Frauen und Kinder der neunzehn Vereine, die im Lechgauverband zusammengeschlossen sind, treffen sich am zweiten Sonntag im September gegen neun Uhr am Fuße des Hohenpeißenberges. Alle tragen ihr Feiertagsg'wand, das sich bei den Frauen je nach Vereinszugehörigkeit in der Farbe unterscheidet – der Zuschnitt ist bei allen gleich: ein langer einfärbiger Kittel mit Samtbändern um den Saum, seidene Schürzen und Schultertücher mit langen Fransen, das Mieder mit Silberkettchen geschnürt, ein paar wohlriechende Blüten als

„Schmeckerl" im Ausschnitt, auf dem Kopf den Scheibling mit goldenem Geschnür und dicken Goldquasten. Die Männer tragen die kurze Lederne, dunkelgraue Joppen und grünsamtene Hüte mit Adlerflaum. Hinter dem goldenen Vortragekreuz und dem Geistlichen der Pfarrei Hohenpeißenberg steigt man die kurvenreiche Straße rosenkranzbetend hinauf. Erst oben auf dem „bayrischen Rigi" tritt eine Blasmusik hinzu und die Prozession zieht mit Wallfahrtsgesängen in die Kirche ein. Die Marienwallfahrt zu Unserer Lieben Frau auf den Hohenpeißenberg geht schon bis ins 16. Jahrhundert zurück, nachdem sich die Kunde verbreitet hatte, daß das in einer 1514 errichteten Holzkapelle aufgestellte Marienbild Wunder wirke. Der Lechgauverband führt seine Trachtenwallfahrt seit 1951 jedes Jahr durch.

Die Ruhpoldinger ehren St. Georg mit dem „Irgnritt" am ersten Septembersonntag. Wie wir wissen, ist der Georgstag am 23. April, um sich aber zeitlich von den übrigen Georgiritten abzusetzen, legte man den Umzug in den September. Die Tradition des Irgnritts ist so lang, daß man sich nicht mehr so recht daran erinnern kann, wann er das erste Mal stattfand. Überliefert ist aber, daß er auf einen Bittgang aus Anlaß einer schweren Viehseuche zurückgeht. So ist er auch zum Pferdeumritt geworden, und die Rösser spielen – ähnlich wie bei der Leonhardifahrt – die Hauptrolle. Sie ziehen die bemalten Truhenwagen, auf denen betend die Weiberleut' in Tracht sitzen, tragen Reiter mit Fahnen und den Geistlichen mit dem Allerheiligsten hinaus zur Wallfahrtskirche St. Valentin, wo sie nach einem Ritt um die Kirche gesegnet werden.

Überhaupt haben die Viehpatrone St. Georg und St. Leonhard alle Hände voll zu tun, damit das ihrem Schutz anempfohlene Vieh Ende September wohlbehalten von den Almen in die heimatlichen Ställe getrieben werden kann. Die Tage werden jetzt kühler und die Grünbauern müssen Sorge tragen, daß ihr Jungvieh nicht vom ersten Schnee überrascht wird. Wenn das Vieh den Almsommer gesund überstanden hat, wenn keines umgekommen ist, und wenn auch in den bäuerlichen Familien unten im Tal kein Todesfall eingetreten ist, dann ist das Grund genug, die Tiere reich zu schmücken, bevor man sie zu Tale treibt. Lange vorher opfern die Sennerinnen Stunde um Stunde und flechten die bunten „Fuikeln", die sie mit Blumen aus gefärbtem Span, Papier – aber leider auch aus Plastikmaterial – bestecken. Girlanden aus Tannengrün und kleine mit bunten Schleifen verzierte Fichtenbäumchen werden den Rindern zwischen den Hörnern befestigt. Die allerschönste Leitkuh erhält die prächtigste Auszier.

Die Rinder, die den Sommer über auf den Hochalmen hinter dem Königssee geweidet haben, müssen noch ein recht gefährliches Abenteuer bestehen: wenn sie St. Bartholomä im Tale erreicht haben, werden sie auf Plätten verladen und übergesetzt. Erst dann schmücken sie die Sennerinnen, schließlich wollen sie ja nicht das Unglück heraufbeschwören, daß am Ende doch noch eines ersäuft.

Zahlreiche Lieder preisen das almerische Leben, eins davon geht so:

Jetzt fangt des schöne Fruahjahr o,
Da treib'n mas aufi auf die Alma,
Unsre Küahlan und die Kalma,

Oft laß mas gras'n im greana Klee,
Juhe holido diri im greana Klee.

Jetzt kimmt da schöne Hirgscht daher,
Da treib'n mas oba vo da Alma,
Unsre Küahlan und die Kalma,
Oft laß mas gras'n im greana Klee,
Juhe holido diri – im greana Klee.

(nach Horst Haubner)

Am dritten Septembersonntag beginnt in München das Oktoberfest, wohl das berühmteste aller Volksfeste auf der ganzen Welt. Die sechzehntägige Wiesengaudi eröffnet der Einzug der Wiesenwirte, die samt ihrem Troß auf Brauereifestwagen zur Wies'n ziehn. Saubere Kellnerinnen im Dirndl, denen jetzt eine harte Zeit bevorsteht, winken ihren potentiellen Kunden noch recht freundlich zu. Am Sonntagvormittag drauf bietet sich dann ein prächtiges Schauspiel: der Trachtenzug bewegt sich vom Max II.-Denkmal durch die Stadt zur Theresienwiese. Es ist natürlich Ehrensache, daß die Trachtengruppen aus Bayern vertreten sind; aber auch aus ganz Europa nehmen Abordnungen teil, die in ihren traditionellen Tänzen durch die Straßen hüpfen, oder auch anpreisend lukulische Genüsse ihres Landes verteilen. Blaskapellen und Spielmannszüge sorgen für musikalische Untermalung, Pferde, Fahnen, Festwagen vervollständigen das Bild.

Die Entstehung des Oktoberfestes geht auf ein dynastisches Ereignis im Hause Wittelsbach zurück. Am 17. Oktober 1810 heiratete der bayrische Kronprinz und nachmalige König Ludwig I. die Prinzessin Therese von Sachsen-Hildburghausen. Zu Ehren des jungen Paares fand ein Pferderennen statt, dem der königliche Hof unter festlichem weiß-blauem Zelt zusah. Ganz München strömte hinaus auf die Schwanthaler Höh' und nannte fortan die Wiese, auf der sich alles ereignete, nach der hohen Braut „Theresienwiese".

Weil das Fest allenthalben großen Anklang gefunden hat, wird es seither jährlich abgehalten – wobei es immer größer und prächtiger wurde: die Landwirtschaftsschau mit Viehprämierungen kam hinzu, jede der ortsansässigen Brauereien stellte ein Bierzelt auf. Immer mehr Fieranten vergrößerten das Spektakel mit Völkerschauen, Sensationen aus aller Welt wurden gezeigt, ein Hippodrom und Karussells wurden aufgebaut, Schichtl's blutrünstige Richtstatt öffnete ihre Pforten. Heute wird das Oktoberfest jährlich von fünf bis sechs Millionen Menschen besucht. Gigantisch wie die Ausmaße des Festes, ist auch die Menge, die verzehrt und getrunken wird. Seit 1950 bricht der steigende Hektoliterumsatz an Bier Jahr um Jahr alle Rekorde, werden jährlich mehr gebratene Ochsen, Brathendl und Steckerlfische vertilgt. Doch ist es wohl auch und gerade für Kinder ein Erlebnis, den Wohlgeruch von gebrannten Mandeln, Zukkerwatte, Türkischem Honig, von Gebratenem und von frischen Brezen zu erschnuppern, selig mit der Schiffschaukel in den Himmel zu fliegen und mit der Oma gemütlich in der Krinoline zu den Klängen der Blasmusik herumzuwalzen. Wenn dann in der Nacht die zahllosen Glühbirnen aufleuchten oder gar ein Feuerwerk abgebrannt wird, ist das Kinderglück vollständig.

Viehtrieb über den Königssee

Almabtrieb

Trachtenwallfahrt auf den Hohenpeißenberg (Oberbayern)

Irgnritt in Ruhpolding (Oberbayern)

Einzug der Wiesnwirte

Drachensteigen vor dem Monopteros im Englischen Garten

er Herbst hat im Oktober Einzug gehalten und die Natur mit buntem Laub geschmückt. Gerade der Oktober bringt oft noch schöne Sonnentage und die Kinder lassen im sanften Lüfterl ihre Drachen in den seidig blauen Himmel steigen.

Schönes Wetter wünschen sich die Bauern, wenn sie an einem Sonntag im Oktober (Kirchenfest ist am 3. oder 4. des Monats) das Erntedankfest begehen. Das damit verbundene Brauchtum geht noch auf heidnische Zeit zurück; so bleibt auf den Feldern die letzte Garbe stehen für die „Troadgeister" und natürlich für die Vögel, die man nicht eigens dazu auffordern muß, die Körner herauszupicken.

In den Kirchen werden malerische Erntealtäre mit den schönsten Exemplaren aus Obst- und Gemüsegärten und von den Feldern errichtet. Die Bedürftigen der Pfarrei erhalten im Anschluß an den Dankgottesdienst diese Naturalien, ergänzt mit Schinken, Eiern, Würsten und eben allem, was das Land gegeben hat.

Vereinzelt feiert der Bauer mit seinem Gesinde zum Dank für ihre Hilfe das Jahr über ein Erntefest: die älteste Magd überreicht mit feierlichem Spruch eine schön gebundene Erntekrone, Bauer und Bäuerin bedanken sich und ein fröhliches Schmausen beginnt, das in ein ausgelassenes Tanzvergnügen übergeht. Freilich – heute gibt es kaum mehr Knechte und Mägde; so feiern halt die Bauernfamilie und ihre Erntehelfer.

Das allerschönste und wichtigste Fest im bayrischen Bauernjahr ist Kirchweih oder Kirta, wie man hierzulande sagt. Der Arzt Josef Benzinger hat für sein „Traktätchen – Brevier für

Haus und Hof" eine so treffliche Schilderung verfaßt, daß sie hier nicht fehlen darf: „Am dritten Sonntag im Oktober wird bei uns in Altbaiern alljährlich das Kirchweihfest gefeiert. Früher geschah das an dem Tag, an dem die Ortskirche dereinst geweiht wurde. Da aber dieserweise in Stadt und Land die Feste nicht ausgingen, hat man sich – langsam und widerwillig nur – auf den dritten Oktobersonntag geeinigt. Die kirchliche Feier nimmt oft nur einen bescheidenen Raum ein, umso lauter und üppiger läuft der weltliche Festanteil ab. Schon Tage vorher wird Haus und Hof auf Hochglanz poliert, damit ‚das Sach' sich vor den zahlreichen Besuchern sehen lassen kann. Noch klingt in allen die Freude über das Ende der schweren Feldarbeit nach und darum wird aufgetragen, daß sich die Tische biegen. Das ‚große Gefreß' hebt an. Eine alte Kirchweihregel sagt: ‚A richtiger Kirta dauert Sunnta, Monta und Irta (Dienstag), wann's sich tuat schicka, aa bis zum Micka (Mittwoch)'. Überall herrscht überschäumende Fröhlichkeit, jeder ist freigiebig, keiner will sich lumpen lassen . . . Für die jüngeren Mannsbilder hat das Fest noch eine eigene, wundersame Bedeutung: an Kirchweih nämlich werden alle Ehrenhändel ausgetragen, die sich das Jahr über angesammelt haben und bis zum erlösenden Zeitpunkt schamhaft in der Brust, die dazugehörigen Haselstecken im Brunnentrog, verborgen werden. Behördliche Vorbeugungen nützen nichts. Das Sprichwort sagt: ‚Man muß den Weibern ihren Kaffee und den Bauern ihre Kirchweih lassen!'" Dem ist nichts hinzuzufügen. Noch heute, rund 40 Jahre nachdem dies verfaßt wurde, spielt sich der Kirta so oder ähnlich ab, man feiert sich und seine Freud' am Leben, Fremde haben dabei nichts zu suchen, werden höchstens geduldet.

In Raisting am Ammersee (Landkreis Weilheim) bereitet die Dorfjugend schon Wochen vorher ein Kirchweihtanzvergnügen besonderer Art vor: den Betteltanz, der am Kirchweihmontag stattfindet. Der Burschenverein bestimmt aus seiner Mitte zwei „Ruatnbuam" in strengem Wahlzeremoniell, die sich dann jeweils ihr „Ruatnmadl" erwählen. Während letztere bis zum Tanzbeginn ihr Inkognito wahren, entfalten die Ruatnbuam in der Gemeinde höchste Aktivität: ihnen obliegt es, möglichst viele Tanzpaare zusammen-zu-„betteln", daher die Bezeichnung des Tanzes. Wenn dann endlich der ersehnte Tag gekommen ist, umwinden die Ruatnmadln einen etwa zweieinhalb Meter langen Haselstecken, die „Ruatn", mit frischem Weidengrün und schmücken ihn mit Blumen, Bändern oder mit einer Brez'n. Die Ruatn wird dann ab 12.00 Uhr Mittag beim Postwirt öffentlich ausgehängt, und die Ruatnbuam müssen sie gar streng bewachen: das ganze übrige Männervolk versucht nämlich, mit List und Tücke dieser Ruatn habhaft zu werden und falls die Bewacher etwa nachlässig wären, müßten sie ihre Stecken mit Bier-, Wein- und Schnapsspenden wieder auslösen.

Inzwischen haben sich die Madln in einer anderen Wirtschaft versammelt und werden gegen 1 Uhr feierlich mit Blasmusik in die „Post" geleitet. Dort wird ihnen als Willkomm ein Glas Wein aus einer großen Holzkanne eingeschenkt. Den ganzen Nachmittag dürfen sie sich ihre Tänzer erwählen, müssen dafür aber auch deren Zeche übernehmen. Ab sechs Uhr gehören alle Tänze ihren bis dahin teils noch unbekannten Betteltanzpartnern. Der ganze Abend verläuft weiterhin nach strengem Reglement, wie es seit 150 Jahren festgelegt ist.

Obwohl der Raistinger Betteltanz schon seit fünf Generationen fest im dörflichen Brauchtum verwurzelt ist, fällt es den Ruatnbuam inzwischen schwer, die richtigen Tanzpartner zusammenzustellen. Auch hier sind halt Städter und andere „Zuagroaste" ins Gemeindeleben eingedrungen. Doch die Beliebtheit des Betteltanzes wird nicht zuletzt dadurch offenkundig, daß die Paare gerne aus dem ganzen Oberland herzuströmen, wenn sie die Ruatnbuam ersatzweise zum Tanz betteln.

Da das Jahr nun schon weit fortgeschritten ist, und die Jagdsaison bevorsteht, ist es Zeit, von der bayrischen Jagdleidenschaft, der Freud' am Schießen, zu erzählen. Des besseren Verständnisses halber, wird man um einen kleinen historischen Rückblick nicht herumkommen. Unsere germanischen Vorfahren waren auch als seßhaft gewordene Ackerbauern freie Jäger, das Wild war Allgemeingut, jeder konnte es erlegen. Das änderte sich nach der Völkerwanderungszeit mit dem Entstehen des Königtums: das Jagdrecht wurde ein Privileg des Monarchen, das gnadenhalber gewährt werden konnte. Der einfache Mann hat das nie verstanden, ihm verschwand die Erinnerung an alte Rechte und Freiheiten nie aus dem Gedächtnis. Gerade im Hochgebirge gab es ja noch lange entlegene, unwegsame Gebiete, die niemand gehörten. Dort konnten die Einheimischen nach Herzenslust der Jagd frönen. Für diese alteingesessenen, mit der Landschaft verwurzelten Menschen waren Wild und Natur frei, sie selber fühlten sich frei, wenn sie mit der Waffe in der Hand jagten. „Schießen" und „Treffen" gehören zu den tiefsten Lebenssymbolen und stehen für „Handeln" und „Gelingen". In zahlreichen Jagd- und Wildererliedern wird das Hochgefühl geschildert, das der Waidmann auf der Pirsch empfindet: „Juhe, frischaus, zum Schiaß'n frei" beginnt das Tegernseer Wildschützenlied, und Franz von Kobell reimt gar: „Was waars denn ums Leb'n ohne Jag'n, koan Kreuzer net gebat i drum!" Die Jagdleidenschaft zeichnet also den freien Mann aus, der „a Schneid" hat, einen, der es aufnimmt mit den Unbilden der rauhen Natur – und der deshalb auch nicht vor irgendwelchen Jagdgesetzen zurückschreckt, die eine ihm letztlich fremde Obrigkeit erlassen hat. Wildern ist ein kriminelles Delikt, wurde aber gerade früher nur selten als solches verstanden. Heute gibt es auch noch Wilderer, doch dürfen diese kaum echte Jagdleidenschaft für sich in Anspruch nehmen, wenn sie das Wild mit aufgeblendetem Scheinwerfer aufschrecken und dann abknallen. Hier wird aus Gewinnsucht getötet und nicht in fairem Kampf die Geschicklichkeit erprobt.

Letzteres tun nach Herzenslust alle Schützen, die sich im ganzen Land in Vereinen zusammengeschlossen haben. Man trifft sich zu sportlichem Turniere und einmal im Jahr zum Preisschießen, um den Besten – den Schützenkönig – zu ermitteln. Selbstverständlich ist das wieder ein willkommener Anlaß, ein Fest zu begehen. Er soll leben, der neue Schützenkönig! Vivat, hoch! Die Schützenliesl, ein sauberes Madl, reicht ihm den Ehrentrunk, eine schwere, silberne Kette mit zahlreichen Medaillen, Ehrenplaketten und Münzen wird ihm umgehängt – für ein Jahr darf er diese von früheren Schützenkönigen errungenen Preise und Ehrungen tragen.

Wenn vom Schießen gesprochen wird, muß auch an die Gebirgsschützenkompanien gedacht werden, deren Tradition bis ins Jahr 1599 zurückgeht. Damals bestimmte Herzog Maximilian (1597–1622), der spätere erste bayrische Kurfürst (1623–1651), daß jeder zehnte Mann sich zum Bürgermilitär zu melden habe. Zwar kam diese Landwehr so gut wie nie zum Einsatz, die Freude am Schießen ließ sie aber weiterhin zusammenstehen. Trotz einiger Rückschläge sind sie heute fest im bayrischen Brauchtum verankert, nicht zuletzt dank der Belebung durch die Trachtenvereine. Erst 1971 wurde in Königsdorf bei Wolfratshausen gar die zwanzigste Gebirgsschützen-Kompanie gegründet.

Kirtahutsch'n

117

Erntedankfest in Raisting (Oberbayern)

Betteltanz in Raisting (Oberbayern)

Vivat der Schützenkönig!

NOVEMBER

Bauernjäger in der Jachenau (Oberbayern)

nser Novemberbild zeigt nochmal Jäger, diesmal aber keine berufsmäßigen, sondern Bauernjäger. Sie sind im Besitz eines Jagdscheins und haben ein zugeteiltes Jagdrevier, wie es heute gesetzlich vorgeschrieben ist. Auf eine besondere Uniformierung, wie sie die städtischen Waidmänner bevorzugen, verzichten sie jedoch. Die Bauernjäger tragen ihre zweckmäßige Alltagstracht und legen Wert aufs Schießen und Treffen.

Malerische Sonntagstracht ist aber bei den verschiedenen Leonhardifahrten und -ritten zu bewundern, die in vielen Dörfern, Städten und Märkten durchgeführt werden. St. Leonhard, dessen Ehrentag am 6. November gefeiert wird, gilt in Bayern als mächtiger und angesehener Viehpatron. Wie zu allen anderen Heiligen auch, hat man ein geradezu intimes Verhältnis zu St. Leonhard und wendet sich vertrauensvoll an ihn, wie wir im G'sangl von der Pinzgauer Wallfahrt hören können:

„Heiliger Sankt Leonhard,
Ders Viech alls kuriert,
Mach, daß uns heuer koa Rindl net krepiert!
D' Ochs'n san teuer, des woaßt ja von eh' –
Gelobt sei die Christl und die Salome!"

In diesem Sinne also die zahlreichen Umzüge und Ritte! Der berühmteste von allen ist die Fahrt der Tölzer auf den Kalvarienberg, von dem eindrucksvoll die Leonhardikapelle ins Isartal hinabschaut. Es ist den Tölzern gleich, ob der 6. November auf einen Wochen- oder Sonntag trifft, ob die Sonne scheint, ob es gießt oder ob der erste Schnee fällt: St. Leonhard zur Ehr – und nicht für neugierige Zuschauer, die halt auch da

sind – werden die alten Kastenwagen mit ihren wunderschönen Malereien ausgeziert. Die ältesten Truhenwagen stammen etwa von 1750 und zeigen Heiligenmotive und Blumenornamente, immer wieder die Tölzer Rose auf blauem Grund, wie wir sie von bemalten Bauernmöbeln dieser Zeit kennen. Erst im 19. Jahrhundert wurden profane Themen gemalt, wie Landschaftsansichten in den verschiedenen Jahreszeiten. Die Leonharditruhen (= kastenartige Aufbauten mit Sitzgelegenheiten auf den herkömmlichen Bauernwagen) werden das ganze Jahr hoch in Ehren gehalten, die kostbarsten stehen sogar im Museum. Am Leonharditag schmücken sie Girlanden aus Tannengrün, bunte Bänder, die letzten Astern und Chrysanthemen aus den Bauerngärten, aber auch Papierblumen. Die Rösser, sozusagen die Hauptpersonen, werden extra blank gestriegelt, Mähne und Schweife geflochten und mit Blumen und Buchszweigerln geziert. Manche haben die reinste Imponiermähne aus geflochtenen Bastzöpfen auf den Hälsen liegen.

Um neun Uhr muß alles fertig sein: die Weiberleut sitzen im Sonntagsg'wand unter Girlandenbögen in den Truhenwagen, streng geordnet nach Alter oder Pfarreizugehörigkeit, was sich auch in unterschiedlicher Tracht ausdrückt. Die Männer fahren auf eigenen Wagen oder haben ihre Aufgabe als Pferdeführer, Kutscher oder Bremser: auf den Kalvarienberg führt eine steile, enge Straße hinauf, die noch dazu mit runden Steinen gepflastert ist, so daß die Truhenwagen in der unteren Kurve ohne Bremser umstürzen könnten, wenn die Rösser einmal so richtig Schwung genommen haben.

Die Honoratioren der Stadt reiten selbstverständlich auch mit, und es ist Ehrensache, daß auch der Pfarrer hoch zu Roß teilnimmt, den goldbrokatenen Chormantel prächtig über den Pferderücken gelegt. Wagen mit jungen Mädchen in alter Tölzer Tracht, ein anderer mit den rot-weiß gewandeten Ministranten schließt sich an. Während hier schon einmal ein verschmitztes Lächeln zum Straßenrand geht, oder hinter vorgehaltener Hand ein Kichern zu hören ist, sind die gesetzteren Teilnehmer mit Ernst bei der Sache und fahren singend und betend hinauf und in schnellem Trab um die Kirche herum. Dort wird eine Messe gelesen und der Leonhardisegen erteilt. Wer aber etwas Spezielles mit dem Heiligen zu regeln hat, sei es, daß er sich für erlangte Hilfe bedanken, oder ihn um seine Fürsprache ersuchen will, der opfert St. Leonhard eine eiserne Votivgabe in Gestalt eines Tieres, einer Kette oder eines Hufeisens. Nach der Messe geht es zurück zum Marktplatz. Der Rest des Tages wird in verschiedenen Tölzer Bräustuben und Gasthöfen „abgerundet". St. Leonhard wurden die ihm zustehenden Ehren zuteil, jetzt muß man schauen, wo man selber bleibt, weil g'lebt is glei!

Für den Patroziniumstag des Hl. Martin am 11. November pflegt die Bäuerin eine ganz besonders schöne Gans zu nudeln und zu stopfen. Diese wird dann zu Ehren des Heiligen, dem „Beschützer aller Bedrängten und Schrecken aller Gewalttätigen" verspeist. Warum das so Brauch ist, geht auf folgende Legende zurück: Als der Hl. Martin zum Bischof von Tours gewählt worden war, wollte er dieser Würde entgehen und versteckte sich schüchtern im Gänsestall. Das Federvieh aber verriet durch sein Ge-schnatter den Gottesmann, Martin wurde entdeckt, in den Dom geführt und geweiht. Dieser frommen Geschichte erinnern sich die Bayern gerne, und es galt halt immer schon als eine ganz besondere Auszeichnung, wenn einem zu Ehren ein Festessen aufgetischt wurde!

Bekannt ist aber auch die Legende vom römischen Soldaten Martinus, der seinen roten Uniformmantel mit einem Schwertstreich durchteilte und eine Hälfte einem frierenden Bettler schenkte. Diese Szene wird am Martinstag bisweilen nachgespielt, der Heilige erscheint dann auf einem weißen Pferd, das den nahen Winter symbolisieren soll.

Nach dem Zweiten Weltkrieg erst wurde in Bayern der rheinische Brauch einer Lichterprozession heimisch. Vor allem die Kinder sind damit beschäftigt, Laternen zu basteln, die als Lichter der Hoffnung die Welt erhellen sollen, so wie Martins Güte ein Licht in der dunklen Heidenzeit war. Wenn die Kinder ihre Martinslieder gesungen haben, werden sie mit Martinsbroten beschenkt. Obwohl der Brauch hier noch relativ jung ist, hat er doch weite Verbreitung erfahren, und die Kinder sind mit Feuereifer bei der Sache. Für die Erwachsenen aber wird die Gans nach wie vor wichtiger als der Laternenumzug sein. Ja, wenn der Gansbraten duftend aus dem Bratrohr gezogen wird, gibt er auch noch ein Wetterorakel für den kommenden Winter ab, denn:

„Ist Sankt Martins' Gans am Brustbein braun,
Wird man mehr Schnee als Kälte schaun.
Ist sie aber weiß,
Kommt weniger Schnee als Eis!"

Am 11. November wird in der Zwieseler Gegend der Wolf „ausg'lassen". Bei diesem alten Hirtenbrauch ziehen die Hüterbuben von Hof zu Hof und läuten mit schweren Kuhglocken die Bewohner heraus. Voran geht ein Weiser, der einen grauslich vermaskierten Wolf am Strick führt. Die Hirten zeigen damit, daß sie die Gefahr fest im Griff haben. Der Weiser überreicht jedem Bauern eine „Mirtlasgarten", eine lange, schön geringelte Weidenrute, an deren Spitze ein Wacholder- und ein Schlehen- oder Hagebuttenzweig gebunden ist. Was es mit dieser Gerte auf sich hat, weiß man nicht mehr so genau. Vielleicht haben so die Hirten früher die Anzahl ihrer Tiere oder auch die der Hüttage vermerkt („mirk das" – merk dir's), vielleicht auch ist es eine Martinsgerte (im Böhmerwald heißt Martin „Mirthas"). So oder so – der Beruf des Hirten ist nicht mehr sehr verbreitet – und trotzdem zieht die Dorfjugend nach wie vor am Martinstag herum und fordert einen Lohn:

„Grüaß di Gott, Baur,
Martini is da!
Iatz verzähl i's enk im Gspoaß,
Iatz hoaßt's hoam mit der Goaß!
Sechsadreißig Wocha
Han ma über d'Wiesen und d'Felder krocha.
Wiesen und Felder hant an nit einzäunt,
Wann an Bauern a Rindl eikam (= einging),
Er glei recht sakrisch greint.
Laft d' Bäurin über die ober Gossen
                                    und schreit:
,Hirta, Hirta,
                wo hast denn mei Lampl lossen?'
Denkt eahm (= sich) der Hirta,

Wenn er hoamkimmt, kriagt er
A Pfandei voi Koh (= Gekochtem),
                        derwei haut eahm d' Bäurin
D' Pritschn fürs Loh.
A Stückei Brout tat a schier nout!
Do habt's is, d'Mirtlasgarten
Und steckt's enks hinter d'Tür
Und haut's is afs Johr
Der großn Dirn recht sakrisch hinter d'Knia!"

Ein Geschepper mit den Kuhglocken hebt an, und erst wenn die Bäuerin den Hirtenlohn mit Naturalgaben, wie Krapfen, Kircheln, G'selchtem, Obst und Süßigkeiten, Eiern und Schmalz beglichen hat, ziehen die Buben weiter.

Der Leser könnte jetzt den Eindruck gewonnen haben, daß in Bayern selbst der triste November aus Kirchenfesten und Bräuchen mit vorwiegend heiterer Note besteht. Doch wie die Natur abstirbt und sich zur Winterruhe bereitet, wie feuchte Nebeltage und der Geruch des vermodernden Laubes sich bisweilen bleiern um die Menschenseele legen, so gedenkt man auch hierzulande seiner Toten, besinnt sich darauf, daß jedes Leben zu Ende gehen muß. Dem barocken, altbayrischen Menschen ist ohnehin auch in Stunden des vollen Lebensüberschwanges das Bewußtsein eines sicheren Endes nie ganz abgängig. Eine Bestätigung finden wir in der letzten Strophe der lustigen „Pinzgauer Wallfahrt", aus der wir schon die naiv-komische Anrufung um den Schutz des Heiligen Leonhard gehört haben:

„Jetzt bet'ma und sing'ma um a seliges End'
Daß koaner von uns in der Höll' drunt verbrennt!
Ins Fegfeuer müaß ma, des wiß'ma von eh'
Ju-he, widiwadiweh
Gelobt sei die Christl und die Salome!"

Im ersten Moment mutet dieses Verserl frevelhaft an – bei näherem Hinschaun offenbart es aber den unerschütterlichen Glauben an Errettung und Eingang ins Ewige Leben, den die katholische Kirche allen Gläubigen verheißt. Man muß nur das irdische Leben immer mit Blick auf ein „seliges End" einrichten:

„O Sünder, o Sünder,
O machts enk auf d'Roas!
O Sünder bekehrts enk,
Die Höll', de is hoaß! . . ."

Der erste November ist dem Gedenken an alle Heiligen gewidmet, die im Kalender keinen eigenen Ehrentag erhalten haben. Auch heute noch ist das ein Feiertag. Man nutzt ihn für einen Gang zu den Gräbern, die besonders festlich geschmückt sind und betet für die armen Seelen. Besonders der Fürsprache durch unschuldige Kinder wird die Kraft zugeschrieben, die armen Seelen aus dem Fegfeuer herauszubeten zu können. Früher fand der Gräberumgang an „Allerseelen" statt, am 2. November, doch ist das heute ein Werktag.

Außergewöhnliches Brauchtum zum Andenken an die Toten hat sich noch im Bayerischen Wald erhalten. Vor allem im Lamer Winkl werden Totenbretter neben Wegkreuze, Kapellen, Kirchen oder auch am Gartenzaun neben dem Wohnhaus aufgestellt. Neben den Daten der Verblichenen geben fromme Sprüche von bisweilen unfreiwilliger Komik dem Betrachter Einblick in den Lebenswandel der Verstorbenen. „Hier ruht die Barbara Gschwendtner, sie wog mehr als zwei Zentner, Gott geb ihr in der Ewigkeit nach ihrem Gewicht die Seligkeit", wird einer beleibten und wohl auch beliebten Austragsbäuerin nachgerufen. Noch vielsagender ist die Inschrift auf einem Totenbrett für eine „ehrsame Dienstmagd" in Arnsbruck: „Sie starb, als sie erst fünfzehn Jahr, und doch schon zu gebrauchen war!" Respekt, Respekt!

Nach alter Überlieferung müssen die Toten so lange im Fegfeuer bleiben, bis die Totenbretter verfault sind. Früher hatten arme Leute, die sich für die Verstorbenen keinen Sarg leisten konnten, den Leichnam auf dem Totenbrett aufgebahrt, in Tücher gewickelt und ließen ihn bei der Beerdigung vom Brett in das Grab gleiten. Deshalb ist heute im Bayerischen Wald, wo man nicht gerade zimperlich ist, der Ausdruck „brettlrutschen" für „sterben" durchaus gebräuchlich.

Nach dem Motto „G'lebt is glei" gibt es sogar im grauen November noch einen Tag, an dem die schiere Ausgelassenheit regiert: am 25. November, dem Patronatstag der Hl. Katharina, findet für lange Zeit die letzte Tanzbodengaudi statt, denn „Kathrein stellt den Tanz ein!" Heute zeigt kein Buschen aus Fichtenreis mehr an, welcher Wirt zum Tanz aufspielen läßt, aber daß an „Kathrei a jeder die sei hat", stimmt auch heute noch. So fahren die jungen Leute halt zum Tanz, den die „Landjugend" ausgerichtet hat und haben dabei nicht weniger Gaudi als früher. Carpe diem – nütze die Zeit, weil am 25. November „die Dearndln in den Rauch g'hängt werden" – bis im Fasching wieder der Tanz erlaubt ist.

Leonhardifahrt in Bad Tölz (Oberbayern)

„Wolfauslassen" im Bayerischen Wald

Laternenzug zu Ehren von St. Martin (Westerndorf/Oberbayern)

Totenbretter im Lamer Winkl

Totengedenken an Allerseelen (Münchner Ostfriedhof)

DEZEMBER

Auf dem Weg zur Christmette in die Wieskirche

Im Dezember ist groß und klein mit der Vorbereitung des Christfestes beschäftigt. Der Advent ist die Zeit der Erwartung, deren geheimnisvoll-seliger Atmosphäre sich auch heute niemand ganz entziehen kann – trotz der Hektik unserer Tage. Wen wundert's, daß sich gerade für die Wochen vor der Heiligen Nacht zahllose Bräuche erhalten haben. Umso mehr gilt es, hier eine Auswahl zu treffen, was nicht immer leicht fällt.

Die Tage sind kurz geworden und die langen Abende bieten Gelegenheit, sich im Warmen zusammenzusetzen; man unterhält sich, bastelt etwas für die bevorstehenden Festtage – oder macht Hausmusik. Zither, Klampfe, Hackbrett, Baß, Harfe und die „Ziach", die Harmonika, sind für den südbayrischen Raum typische Instrumente. Sie erfreuen sich wieder zunehmender Beliebtheit und Musikschulen im ganzen Land sorgen für weite Verbreitung.

Singend und spielend versammeln sich also Familie und Nachbarn um den Tisch, auf dem ein Kranz oder ein „Paradeiserl" den Advent verkünden. Das Paradeiserl ist ein Vorläufer des Adventskranzes in Pyramidenform. Die Ecken bilden rotbackige, blankpolierte Äpfel, die durch reisigumwundene Steckerl verbunden sind. In der Delle, aus welcher der Apfelstiel herauswuchs, steckt jeweils eine Kerze. Manchmal aber symbolisiert nur eine einzige Kerze im obersten Apfel das Licht, das Christus durch seine Menschwerdung in die Heidenwelt brachte. Kirschzweige stehen im irdenen Krug in einer warmen Ecke. Sie werden am 4. Dezember, dem St. Barbaratag, geschnitten. Wenn sie bis zum Weihnachtsabend blühen, bedeutet das Glück und Gesundheit für die Familie im nächsten Jahr.

Auch ein Stück Aberglaube wirkt heute noch in die Adventszeit hinein: unsere Vorfahren waren der festen Überzeugung, daß an den vier Donnerstagen der Adventswochen Wotans wilde Jagd, oder in Bayern halt das „Wuide Gjaid", im Gebraus der Winterstürme über die Lande zog, und genauso wie dieses an Fensterläden und lose Schindeln rüttelte, so passiert es auch jetzt an den angegebenen Tagen, daß plötzlich an Türen gebumbert, an Fenster geklopft wird: Die Klöpfler ziehen von Haus zu Haus und erklären singend, was ihr Begehr ist:

„Mir kemma daher so spat in der Nacht,
Heut is ja die heilige Klöpfersnacht!
Mir hör'n die Schüssl scho klinga,
Jetzt wird uns die Bäurin Kletzn bringa.
Mir hör'n die Scheitl scho außikracha,
Jetzt wird uns die Bäurin Küacheln bacha.
Zweng de Äpfl, de Zwetschgn, de Kletzn
              und Birn
Werd si do dengerscht
      da Baua mit da Bäurin net z'kriagn!"

Wenn sie zufriedengestellt wurden, lassen sie sich auch nicht lumpen:

„Jetzt hat man uns ehrsam
              Erleichterung geb'n,
Gott laß uns das Jahr mit Freuden ausleb'n!
Jetzt wünschen wir s'Glück
              wohl eini in'n Stall;
Wohl zuehi zum Vieh und sonst überall!"

Wie aus dem Lied hervorgeht, haben früher vor allem die Armen der Gemeinde geklöpfelt, und es war selbstverständlich, ihnen etwas zu schenken. Heute sind es die Kinder, die sich den Spaß nicht entgehen lassen, ein wenig Gespenster zu spielen und dafür auch noch belohnt zu werden.

Die vier Klöpfersnächte zählen genauso wie die Nacht vor Nikolaus (6. Dezember), die zwölf sogenannten heiligen Nächte vor Weihnachten – hier besonders der Lucientag (13. Dezember) und der Thomastag (21. Dezember) – die Christnacht selber, Neujahr und Epiphanias zu den Rauhnächten. Nach altem Dämonenglauben waren in diesen Nächten rauhe, rohe, in Rauchwaren gehüllte Spukgestalten los. Alle diese Nächte liegen um die Zeit der Wintersonnenwende, die man vor Einführung des Gregorianischen Kalenders im Jahre 1582 am 13. Dezember vermutete. Dazu gehört also auch die Nacht vom 5. auf den 6. Dezember, dem St. Nikolaustag, einem unbestrittenen Höhepunkt der Vorweihnachtszeit. Auf der ganzen Welt beschenkt man zum Gedenken an den frommen und mildtätigen Bischof von Myra vor allem die Kinder. Er kommt als Sendbote des Christkindes auf die Erde und belohnt die Braven. Besonders bunt geht's aber an diesem Abend im Berchtesgadener Land in den Gnotschaften Winkl und Loipl zu, in denen der tollste Rauhnachtsspuk getrieben wird.

Während die Dorfbewohner in ihren Stuben sitzen, geht draußen Unheimliches vor sich. An einer Wegkreuzung haben sich die zwölf Buttmanndl, der Nikolo, das Nikoloweiberl und einige Krampusse versammelt. Hinter den gespenstischen Buttmanndln verbergen sich unverheiratete junge Männer der Gemeinde, die rundum in abgedroschene Strohgarben gebunden sind, vor den Gesichtern tragen sie schreckliche Larven aus Holz, Rupfen oder Fell, Hörndln stehen ihnen von den Ohren ab, schwere Kuhglocken haben sie umgehängt. Die Krampusse oder Ganggerl sind grauslich kostümierte Teufel, deren Körper mit Ketten umwunden sind. Diesen schiachen, heidnischen Dämonen stehen der christliche Nikolo und sein Nikoloweiberl gegenüber, hinter dem sich ein Bub in Berchtesgadener Mädchentracht verbirgt, den Scheibling über eine blonde Perücke aus Werg gestülpt, einen Korb mit allerlei Gaben in der Hand. Kein Fremder darf heimlich zusehen oder gar dabeisein, wenn sich die gespenstische Schar trifft und im Halbkreis aufstellt. Die heidnischen Spukgestalten setzen ihre Larven ab, gemeinsam beten sie das Glaubensbekenntnis, ein Vaterunser und ein Ave Maria. Die Dämonen werden eben nur gespielt, dahinter stecken gute Christen! Dann stapfen sie ins Dorf, dringen in die Häuser ein und ängstigen die Kinder. Natürlich nehmen sich die Buttmanndl besonders der jungen Mädchen an, denen sie sich jetzt, bis zur Unkenntlichkeit maskiert, ungeniert nähern können. Endlich erscheint der Heilige Nikolaus: er verschafft sich Ruhe und weist das Heidengesindel aus dem Haus. Die Kinder werden beruhigt und wenn sie sich wieder etwas derfangt haben, trifft sie ein neuer Schrecken: der Nikolo hat nämlich jede Schandtat in seinem goldenen Buch vermerkt, er weiß alles. Doch meist handelt es sich ja um läßliche Sünden. Wird Besserung gelobt und gar noch ein schönes Verserl aufgesagt, dann steht einer Bescherung aus dem Korb des Nikoloweiberls nichts mehr im Weg. Wenn aber ein Lausbub zu arge Streiche gespielt haben sollte, dann kann es schon sein, daß der Ganggerl wieder hereingerufen wird und den Lümmel in seiner Kirm mitnimmt!

In den Rauhnächten vor Weihnachten treiben die Kirchseeoner Perchten im Landkreis Ebersberg ihr Unwesen. Wir haben es hier mit einem Brauch zu tun, der erst 1954 nach alpenländischem Vorbild eingeführt wurde, aber bereits allseits beliebt ist und großen Anklang findet. Eigentlich ist der Perchtentanz ein Epiphaniasbrauch: In der Nacht vom 5. zum 6. Januar treibt nämlich Frau Percht ihren grausamen Spaß, vor allem mit den Frauenspersonen, beschenkt mitunter aber auch die Kinder. Die Kirchseeoner Perchten aber tanzen in den Rauhnächten der Adventszeit. 15–20 junge Burschen tragen grotesk überspitzte Schiachmasken, sind in lange Zottelfelle eingemummt und ziehen in Sprungtänzen zur Musik eines Glockenspiels durch den Ort. Melodie und Text der Lieder stammen von den Perchtentänzen aus Salzburg und Zell am See.

„Heit is Rauhnacht
Wer hat's aufbracht?
A oida Mo
Hat rote Hos'n o.
Is über d'Stiagn abikrocha,
Hat eahm d'Händ und d'Füaß abbrocha.
Krapfa raus, Krapfa raus,
Sonst schlag'n ma eahm a Loch ins Haus."

Äußerst grausame Bräuche ranken sich in der Oberpfalz um den Lucientag, den 13. Dezember. In grauer Vorzeit als Tag der Wintersonnenwende angesehen, fürchtete man in dieser längsten Winternacht das grauenhafte Treiben einer bösartigen Hexe. Als nun die liebliche Lucia den 13. Dezember als Ehrentag zugeteilt bekam, wurde ihr Name mit der germanischen Winterbestie verknüpft. So läuft heute in der fraglichen Nacht ein weißgewandetes Ungeheuer mit fliegendem roten Mantel, das Gesicht mit häßlich verzerrter Larve verhüllt, hinter den Kindern her und droht, ihnen mit einer Sichel den Bauch aufzuschlitzen und ihre Gedärme in einem Henkeltöpfchen (Schwingerl) aufzusammeln. „Schwingerl voll Därm, Schwingerl voll Därm . ." heult es schaurig durch die Gassen. Freche Lausbuben aber lassen sich von der blutigen Luz nicht mehr beeindrucken, sie rennen hinter ihr drein und äffen sie nach: „Luzia, Luzia, dei Hemad steht für! Geh außi, stecks eini, nachad tanz i mit dir!"

Die Schulbuben aus Fürstenfeldbruck begehen den Lucientag wesentlich freundlicher. Sie basteln lange zuvor aus Pappendeckel oder Sperrholz Modelle ihrer Wohnhäuser, der Kirchen oder von öffentlichen Gebäuden, nageln sie auf Brettchen und bekleben die Fensterhöhlungen mit Transparentpapier. Am Lucientag treffen sie sich erst mit ihren Lehrern zur Messe und ziehen dann nach Einbruch der Dunkelheit hinunter zur Amper. Sie beleuchten ihre Häuschen von innen mit einer brennenden Kerze, setzen sie auf die Wellen und lassen sie den Fluß hinunterschwimmen. Der älteste Beleg für diese Lichterschwemme stammt aus dem Jahr 1566. Man glaubt, daß der Brauch auf ein Gelöbnis anläßlich einer Hochwasserkatastrophe zurückgeht, bei der die Hilfe der Heiligen Lucia herbeigefleht wurde. Andere sehen den Ursprung in heidnischer Zeit, als mit kultischen Handlungen das Licht in dunkler Winterszeit beschworen und den Flußgöttern geopfert wurde.

Lucia, die Leuchtende, weist schon auf das Licht hin, das nach den Rauhnächten, der dunkelsten Zeit des Jahres, aus dem Stall von Bethlehem aufstrahlen wird. Immer mehr Kerzen werden am Paradeiserl oder am Adventskranz angesteckt, die Stunden verrinnen so schnell, daß die Weihnachtsvorbereitungen kaum bewältigt werden können. Früher, als man in seinen täglichen Bedürfnissen viel genügsamer war, kam nach der Christmette ein möglichst reichhaltiges Festmahl auf den Tisch. Wir müssen uns nur einmal vergegenwärtigen, welche Anstrengungen Peter Rosegger als Waldbauernbub unternahm, um das für seine Vorstellungen üppige, für unsere aber eher karge Christmahl zu ermöglichen! Als Wohlstandsbürger, die wir das ganze Jahr über zu gut essen, sind wir Wochen vor Weihnachten bereits eifrigst bemüht, auch die kulinarische Seite des Festes gut vorzubereiten. Das wird in den übrigen Gegenden Deutschlands auch so sein – aber in Bayern sicher wie so oft ein bißchen anders! Verführerischer Duft von Kletzenbrot (Kletzen = Dörrbirnen), von Stollen und Lebkuchen durchzieht die Häuser und schier unübersehbar ist das Vielerlei der Plätzchensorten: Spekulatius und Marzipan werden gemodelt, Nonnenpfortzerl, Springerle, Spitzbuben, Kolatscherl, Liebesbrieferl, Pfauenaugen, Busserl, Hausfreunderl und was es noch mehr dieser Köstlichkeiten gibt, füllen Blechschachteln und verschwiegene Schubladen. Wahrscheinlich reichen sie ja bis Ostern – aber vor dem Fest wird nicht genascht!

Beim Bauern im Stall erfreut sich der „Weihnachter", die dicke Mettensau, größter Aufmerksamkeit. Sie weiß natürlich nicht, daß sie nur deshalb mit lauter Leckereien verwöhnt wird, weil sie die Ehre hat, das Christfest mit Mettenblunzen, Bratwürsten und Schweinebraten zu verschönern. Eine Woche vorher erfüllt sich dann ihr Schicksal.

Vielerorts werden Christkindlmärkte abgehalten, an denen das Zubehör für die Krippen und der Baumschmuck ergänzt werden können. Eine Duftwolke von Bratwürsteln, Anisbonbons, Glühwein und Bratäpfeln, sowie eine Geräuschkulisse aus Gesprächsfetzen, Glöckchengebimmel, festlichen Posaunenklängen, Weihnachtschorälen und Glockenspiel vermitteln zusammen mit dem Lichtergefunkel der riesigen Fichte die schöne, anheimelnde Weihnachtsstimmung. Warum sollte man sich ihr verschließen?

Endlich ist der ersehnte Tag da. Zuhause nehmen ausgesuchtes Waldmoos, blanke Steine und bizarre Ästchen als biblische Landschaft die Figuren der Hirten oder die Dreikönigskrippe auf. Auch die Christbäume sind bereits geputzt. Übrigens hat die Sitte, zu Weihnachten einen Lichterbaum aufzustellen, in Bayern erst Königin Therese, die protestantische Gemahlin König Ludwigs I., eingeführt und nur zögernd setzte sich der Brauch durch. Natürlich ist auch der Baumschmuck modischen Strömungen unterworfen. Neuerdings gewinnt die gute alte „Berchtesgadener War" immer mehr Freunde und kleine Trompeten, Reiterlein, Grillenhäuserl, Hühnerställe, Vogerl, winzige Spanschachterln oder Fatschenkindln, alles aus Holz geschnitzt und lustig bunt bemalt hängen in den dunklen Zweigen. Dazu gesellen sich blankgeriebene rote Äpfel und Strohsterne. Bienenwachskerzen stecken an den Zweigen und verbreiten ihren köstlichen Duft, wenn sie endlich angezündet werden. Das Glöckerl ertönt, die Tür zur Weihnachtspracht öffnet sich. Die Spannung wächst während das Weihnachtslied gesungen wird. Endlich wird das Geheimnis gelüftet und man sieht, was das Christkindl eingelegt hat. Das Evangelium wird verlesen und nachdem man einen kleinen Imbiß eingenommen hat, bricht man gegen Mitternacht auf zur feierlichen Christmette.

Im Rupertigau wird die Menschwerdung Christi mit lautem Böllerkrachen und mit Freudensalven begrüßt: die „Vereinigten Weihnachtsschützen des Berchtesgadener Landes" sind wieder am Werk und schießen das Christkindl an. So wie wir es am Anfang des Buches gehört haben, als dieselben Mannerleut das neue Jahr anschossen, mischt sich nun Glockengeläut mit dem Donner der Reihenfeuer, rötlicher Feuerschein zuckt über den Schnee, Funkenregen sprüht . . . . .

Unser Gang durchs Jahr ist zu Ende. Hoffentlich war's ein gutes – hoffentlich nützen wir das neue, denn Sie wissen ja:

G'lebt is glei!

Stubnmusi ums Paradeiserl

Christkindlmarkt in Regensburg vor der Neupfarrkirche

Berchtesgadner Buttmandl

Nikolaus und Krampus

Kirchseeoner Perchten – ein oberbayerischer Rauhnachtsspuk

Luziennacht in Cham „Schwingerl voll Därm' . . ."

Luzienschifferlschwimmen in Fürstenfeldbruck (Oberbayern)

Christkindlanschießen in Maria Ettenberg (Markt Schellenberg)

Inhaltsübersicht

Inhaltsübersicht

Inhaltsübersicht

Quellennachweise:

Aberle, Andreas: „Es war ein Schütz in seinen schönsten Jahren", Rosenheimer Verlag 1972; Aberle, Andreas: „Nahui in Gottes Nam'", Rosenheimer Verlag; Aiblinger, Simon: „Vom echten bayerischen Leben", BLV 1975; Benzinger, Josef: „Traktätchen-Brevier", Heering-Verlag, Seebruck/Chiemsee 1947; Bleibrunner, Hans: „Andachtsbilder aus Altbayern", Süddeutscher Verlag 1971; Breibeck, O.E.: „Das fünfte Element der Bayern, eine unterhaltsame Bierhistorie", Pustet Verlag 1978; Ebertshäuser, Heidi C.: „Das bairische Leben", Hugendubel 1980; Hager, Franziska Heyn, Hans: „Drudenhax und Allelujawasser", Rosenheimer Verlag 1975; Hager, Franziska Heyn, Hans: „Liab, leb und stirb", Rosenheimer Verlag 1976; Haubner, Horst: „Hinüber d'Alm, herüber d'Alm", Heimeran 1972; Hubensteiner, Benno: „Maximilian", Paul Schachtl Verlag 1956; Huttner, Karl: „Land zwischen Salzach und Inn", Richard Pflaum Verlag; Kapfhammer, Günther: „Brauchtum in den Alpenländern", Callwey Verlag 1977; Kapfhammer, G. Lachner, C.J. Moroda, F.D.: „Münchner Schäfflertanz", Hugendubel 1976; Leoprechting, Karl v.: „Bauernbrauch und Volksglaube in Oberbayern", Süddeutscher Verlag 1975; Köelbl, Herlinde: „Bayerische Märkte", Freundeskreis Freilichtmuseum Südbayern e.V.; Melchers, Erna: „Das Jahr der Heiligen", Südwest Verlag 1965; Rattelmüller, Paul E.: „Auf Weihnachten zua", Süddeutscher Verlag 1976; Renner, C.O.: „Weißblaue Galerie, Gestalten aus der bayerischen Geschichte", Pustet Verlag 1974; Scheingraber, Wernher: „ABC der Alpenländer", Rosenheimer Verlag 1975; Schindler, Herbert: „Reisen in Niederbayern", Prestel-Verlag 1975; Schmidkunz, Walter: „Das leibhaftige Liederbuch", Möseler Verlag Wolfenbüttel 1938; Swoboda, Otto: „Alpenländisches Brauchtum im Jahreslauf", Süddeutscher Verlag 1979; Stieler, Karl: „A Hochzeit im Gebirg", Passavia Verlag Passau 1975; Thiele, Heinz: „Leben in der Gotik", Kurt Desch Verlag 1943; Sperber, Helmut: „Gerätesammlung Zwink im Freilichtmuseum Glentleiten", Schriftenreihe 1979; „Bayrisch Land – Bayrisch Gwand", Eigenverlag Vereinigte Bayerische Trachtenverbände e.V. 1976; „Unbekanntes Bayern", Band 1: Entdeckungen und Wanderungen, Band 2: Verborgene Heimat, Band 4: Wallfahrtskirchen und Gnadenstätten, Band 6: Das Komödi-Spielen, Band 9: Städte am Fluß, Süddeutscher Verlag 1975.

In unserem Verlag ist ferner erschienen:

Boleslav Kvapil, Max Rieple, Dieser zauberhafte Bodensee
Franz Götz, Lothar Rohrer, Die Welt der Fasnachtsnarren
Boleslav Kvapil, Max Rieple, Lockendes Land am Oberrhein
Elfriede Gams, Hans Gottanka, Sehnsucht nach München
Evelyn Frese, Eva M. Spaeth, Mainseliges Weinfranken
Rolf Italiaander, Schleswig-Holstein Zwei Meere – ein Land
Rüdiger Mühlnickel, Monika Reichmann, Romantische Fränkische Schweiz
Helena Brockmeyer-Mann, Heidrun Maurer, Märchenhafter Schwarzwald
Rolf Italiaander, »Ich bin ein Berliner«
Rolf Italiaander, Jenseits der deutsch-deutschen Grenze
Inge Peitzsch, G'lebt is glei

© by Weidling Verlag GmbH, 7768 Stockach-Wahlwies, 1981.
3. Auflage 1984. Alle Rechte vorbehalten. ISBN 3-922095-11-9.
Typographie und Satz: Schumacher, Radolfzell.
Reproduktion: EKG, Stuttgart. Druck: Druckerei Wahlwies.
Bindung: Walter Verlag, Heitersheim.